Winfried Mall · Kommunikation ohne Voraussetzungen
mit Menschen mit schwersten Beeinträchtigungen

W0188828

Winfried Mall

Kommunikation ohne Voraussetzungen

mit Menschen mit
schwersten Beeinträchtigungen

Ein Werkheft

6., überarbeitete Auflage

»Edition S«

Winfried Mall
Schneebergstrasse 32
CH-9000 St. Gallen
Schweiz
Fon: +41-71-2 22 33 64
www.winfried-mall.de

Bibliografische Information der Deutschen Nationalbibliothek

Die Deutsche Nationalbibliothek verzeichnet diese Publikation in der Deutschen Nationalbibliografie; detaillierte bibliografische Daten sind im Internet über http://dnb.ddb.de abrufbar.

ISBN 978-3-8253-8337-4 6., überarb. Auflage 2008

(ISBN 3-8253-8308-3 5., überarb. Auflage 2004)
(ISBN 3-8253-8252-4 4., überarb. Auflage 1998)
(ISBN 3-8253-8223-0 3., überarb. Auflage 1995)
(ISBN 3-89149-186-7 2. Auflage 1992)
(ISBN 3-89149-145-X 1. Auflage 1990)

© 2008, 2004. Universitätsverlag Winter Heidelberg GmbH – »Edition S«
© 1998, 1995, 1992, 1990. Universitätsverlag C. Winter Heidelberg GmbH
Imprimé en Allemagne · Printed in Germany
Umschlagdesign: Drißner-Design und DTP, Meßstetten
Druck: Memminger MedienCentrum AG, 87700 Memmingen

Gedruckt auf umweltfreundlichem, chlorfrei gebleichtem und alterungsbeständigem Papier.

Den Verlag erreichen Sie im Internet unter:
www.winter-verlag-hd.de

Du sollst deinen Nächsten lieben wie dich selbst.

Lev. 19, 18

Inhalt

1 Vorwort

»Man kann nicht nicht kommunizieren.«, dieses Zitat WATZLAWICKS[1] ist schon fast zum Gemeinplatz geworden, der keinen mehr zum Nachdenken bringt. Klar, das ist ja selbstverständlich, und deshalb weiß ich ja auch schon immer, dass und vor allem auch was mir mein Gegenüber – auch wenn es ein Mensch mit schwersten Beeinträchtigungen ist – mit seinem Verhalten mitzuteilen hat. Nur allzu leicht geschieht es dabei, dass ich mit all meinem Schon-längst-Verstanden-Haben mein Gegenüber als Partner bereits wieder verliere[2].

In Kommunikation zu treten, gemeinsam Beziehung aufzubauen, setzt Partnerschaft voraus: Sie als Bezugsperson nehmen den anderen ernst, erkennen sein Recht an, so zu sein, wie er ist, selbst mit all den Eigenschaften, die Sie nicht verstehen können. Sie akzeptieren den Umstand, dass Sie zunächst – und immer wieder – *nichts* von ihm wissen, ja wissen können, bevor er es Ihnen nicht selbst mitgeteilt hat. Auch dann können Sie letztlich nie sicher sein, ihn verstanden zu haben, bestenfalls scheint er Sie in seiner Reaktion auf Ihren Antwortversuch zu bestätigen.

Sie respektieren die Eigengesetzlichkeit seines Lebens, die sich nicht an Ihre Planungs-, Therapie- oder Förderziele – und schon gar nicht an vorgegebene allgemeine Lehrpläne und Förder- oder Therapiekonzepte – halten muss. Sie vertrauen darauf, dass jedes Verhalten des andern seinen Sinn hat, vor dem Hintergrund seiner individuellen Entwicklung und Lebenssituation, selbst wenn Sie diesen Sinn nicht nachvollziehen können, oder wenn Sie selbst die Notwendigkeit einer Veränderung sehen und sich vornehmen, mit ihm zusammen daran zu arbeiten.

Zu dieser Partnerschaft sind Sie jedoch nur bereit, wenn Sie sich selbst akzeptieren können. Sie befreien sich von dem Zwang, sich zu rechtfertigen, Ihre Kompetenz beweisen zu müssen. Das setzt die Fähigkeit voraus, zu sich selbst zu stehen, in Gelassenheit, auch ganz leiblich. Sie lernen unterscheiden zwischen sachlicher Reflexion und Kritik Ihres

---

1 WATZLAWICK, BEAVIN, JACKSON (1996) S. 53
2 Siehe KLAUß (2002)

Handelns einerseits und (selbst-) bewertender Beurteilung andererseits. Vor allem sind Sie in der Lage zu handeln, etwas zu tun, neue Erfahrungen zu sammeln, sich auch von Ihrer Intuition leiten zu lassen, ohne sich stets auf Literatur und Kapazitäten des Fachs berufen zu müssen. Sie nehmen das Risiko in Kauf, Fehler zu machen, um daraus zu lernen, selbstverständlich unter fortgesetzter kritischer Reflexion, die Betroffene und Angehörige, Fachkolleginnen und -kollegen einbezieht.

Unter diesen Voraussetzungen denke ich, dass Sie von dem vorliegenden Werkheft profitieren können, auf der Suche nach Ihrem eigenen Weg, verantwortlich Beziehungen mit Menschen mit schwersten Beeinträchtigungen zu gestalten. Ich wünsche Ihnen dabei viele bereichernde Erfahrungen!

Ich habe versucht, auch die Sprache dieses Heftes so kommunikativ wie möglich zu gestalten, was natürlich rasch an die Grenzen dieses Mediums stößt. Ich will Sie als Leserin und Leser, als Kollegin und Kollege oder als Frau oder Mann ansprechen, die im privaten Umfeld mit einem Menschen mit schwersten Beeinträchtigungen zu tun hat. Auch wenn Sie nicht direkt auf meine Aussagen antworten können, ist mir Ihre Meinung wichtig, schon um selbst weiter lernen zu können. Deshalb will ich Sie ermuntern, sich per Post oder e-Mail direkt an mich zu wenden und mir Ihre Eindrücke, Erfahrungen, Anregungen und Kritik mitzuteilen, um so die Wechselseitigkeit zu realisieren, die das Wesen jeder Kommunikation ist.

St. Gallen, im Februar 2008   WINFRIED MALL

Zum Autor:
Geboren 1952. Nach einigen Semestern Philosophie und Sozialwissenschaften Studium der Heilpädagogik, 1978 Abschluss als Diplom-Heilpädagoge (FH). 10 Jahre in Fachdiensten von Komplexeinrichtungen für Menschen mit geistiger Behinderung, 15 Jahre in der ambulanten Begleitung chronisch psychisch kranker Menschen, 3 Jahre im Gruppen übergreifenden Dienst einer Tagesförderstätte für Erwachsene mit schweren Behinderungen, inzwischen Gruppenleiter in einem Wohnheim für geistig behinderte Menschen. Seit ca. 20 Jahren freiberuflich in Fortbildung, Beratung und Supervision tätig.

2 Vier Menschen – vier Geschichten[3]

2.1 Karl ...

... ist heute Ende zwanzig, er lebt seit seiner Jugend in einer »Komplexeinrichtung« für Menschen mit geistiger Behinderung. Nach problemloser Schwangerschaft erlitt er während seiner überlange dauernden Geburt einen Sauerstoffmangel und musste länger in der Kinderklinik bleiben. Seine Eltern wurden nicht aufgeklärt, was mit ihrem Sohn war, die Mutter erlebte sich mit dem Kind allein gelassen. Erst auf ihr Drängen wurde zu Beginn des zweiten Lebensjahrs eine Diagnostik durchgeführt und eine schwere Entwicklungsverzögerung mit einer cerebralen Bewegungsstörung festgestellt. Die Förderung danach beschränkte sich auf Krankengymnastik, die sich lediglich auf die Entwicklung der Motorik konzentrierte, auch die Mutter erhielt keine Unterstützung, um Karl einen ganzheitlichen, positiv besetzten Zugang zur Welt zu ermöglichen. Im Sonderschulkindergarten verfehlte das Programm der Erzieherinnen, das sich eher an Interessen und Möglichkeiten von nicht behinderten Kindergartenkindern orientierte, Karls individuelle Bedürfnisse, worauf er mit der Entwicklung autoaggressiver Ausbrüche reagierte, in denen er schrie und sich mit beiden Händen gegen den Mund schlug, besonders, wenn er sich erschreckte. Darüber hinaus beschränkte sich sein spontanes Verhaltensrepertoire bei Erreichen des Schulalters darauf, im Fersensitz in Sand- oder Klötzchenhaufen zu scharren oder mit einem Stück Pappe o.ä. vor dem Gesicht zu wedeln. Als die Mutter der Pflege nervlich und körperlich nicht mehr gewachsen war, kam er in das Heim. Dort kommt er eigentlich mit seinen Bedürfnissen regelmäßig zu kurz.

---

3   Die genannten Personen sind z.T. fiktiv, z.T. verfremdet.

2.2 Anna ...

... musste schon mit acht Jahren das Elternhaus verlassen, nachdem es zu gefährlichen Angriffen auf ihren neugeborenen Halbbruder gekommen war. Ihre Mutter war bei ihrer Geburt gerade siebzehn und noch in der Lehre, der Vater ließ sich nach ihrer Zeugung nicht mehr blicken. Ihre Vorgeburtszeit stand unter dem Urteil ihrer Großmutter, dass sich die Mutter mit der verfrühten Schwangerschaft »ihr Leben versaut« hätte. Sie kam viel zu früh zur Welt und musste noch einige Wochen im Brutkasten versorgt werden. Ihre Mutter blieb in ihrer Ambivalenz gegenüber dem Kind gefangen und fand auch keine verständnisvolle Hilfe bei der Aufarbeitung ihrer Situation. Statt dessen taten alle so, als ob sie eine »gute Mutter« sein könne, wenn sie nur wolle, und sie war nicht in der Lage klar zu stellen, dass das einfach nicht ging. Eher neigte sie – schon während der Schwangerschaft – dazu, die Existenz Annas einfach zu verdrängen. Von der Großmutter versorgt, war Anna zunächst eher auffallend still, lehnte es ab getragen zu werden, mochte auch Berührung nicht gern. Wenn man mit ihr Blickkontakt aufnehmen wollte, blickte sie durch einen hindurch.

Nachdem sie vom Krankenhaus nach Hause gekommen war, wurde sie bald von einer Heilpädagogin in der Frühförderung betreut, nach einer Diagnostik im Sozialpädiatrischen Zentrum (Diagnose: Schwere Entwicklungsverzögerung nach vermuteter Hirnschädigung infolge der Frühgeburt) kam sie auch zu einer Krankengymnastin in Behandlung, der es durch einen bestimmten, aber einfühlsamen Umgang mit Anna als erster gelang, sie zu einer interessierten Reaktion zu verlocken. So lernte sie im Lauf der ersten Jahre Sitzen und Gehen. Es kam jedoch zu einem gravierenden Einbruch, als Anna mit zwei Jahren wegen einer schweren und verschleppten Mittelohrentzündung für zwei Wochen in die Kinderklinik musste. Danach wollte sie nur noch in ihrem Laufstall sitzen, schaukelte permanent vor und zurück, hielt dabei zwei Plüschtiere in den Armen. Selbst nachts gab sie kaum Ruhe und schaukelte in ihrem Bett weiter.

Im Sonderschulkindergarten verhielt sie sich zunächst nicht anders als zuhause, bis die Erzieherinnen von ihr forderten, ohne ihre Plüschtiere in den Kreis der Kinder zu kommen. Nicht lange danach griff sie zum ersten Mal ein anderes Mädchen an und riss sie an den Haaren, bis sie umfiel. Als sich das Verhalten wiederholte, wurde sie auf Verlangen der anderen Eltern aus dem Kindergarten ausgeschlossen. Später in der Schule ließ man sie meist in ihrer Ecke sitzen, da sie ohnehin fast zu nichts zu bewegen war und so zumindest die Mitschüler und -schülerinnen nicht störte. Später im Heim erhielt sie nur eine Stunde Einzelunterricht täglich, und auch auf der Wohngruppe waren die Mitarbeiter immer leicht alarmiert, wenn Anna in Anwesenheit anderer Gruppenmitglieder auftauchte.

2.3   Herr T. ...

... heute 52 Jahre alt, war vor acht Jahren als Asylbewerber aus einem außereuropäischen Land, in dem er politisch verfolgt worden war, nach Deutschland gekommen, Frau und vier Kinder zuhause bei seinen Eltern zurück lassend. Seine Chancen, hier als Asylant anerkannt zu werden, waren minimal. Als er im Sommer mit einigen Landsleuten aus dem Asylbewerberheim zum Schwimmen an den Baggersee gegangen und auf den See hinaus geschwommen war, erlitt er in einer kalten Strömung einen Schwächeanfall und ertrank. Bis seine Freunde ihn aus dem Wasser geborgen hatten und der herbei gerufene Rettungsdienst mit der Wiederbelebung beginnen konnte, hatte er schon durch Sauerstoffmangel eine schwere Hirnschädigung erlitten. In der Klinik gelang es zwar, ihn am Leben zu erhalten, doch verblieb er im Zustand des Wachkomas. Nach einigen Wochen gelang es, die künstliche Beatmung abzustellen, und er atmete selbst weiter, ohne Trachealkanüle. Zur Ernährung konnte jedoch nicht auf eine Magensonde verzichtet werden. Als sich sein Zustand stabilisiert hatte, aber auch keine weiteren Fortschritte mehr zu beobachten waren, wurde er in ein Pflegeheim verlegt, in dem er jetzt seit sechs Jahren lebt. Die Kosten wurden vom Sozialamt übernommen, für seine rechtliche Vertretung wurde vom Gericht eine Betreuerin bestellt.

Herr T. liegt die meiste Zeit in seinem Bett. Seine Beine sind angewinkelt, aufgrund von Sehnenverkürzungen durch die Spastik, die auch intensive Krankengymnastik nicht verhindern konnte, kann er sie nicht mehr strecken. Auch die Arme und Hände sind meist spastisch angewinkelt, je nach seiner Verfassung unterschiedlich stark. Meist macht er einen eher gleichmütigen Eindruck, doch es kommt vor, dass er das Gesicht verzieht und gequälte Laute von sich gibt, vermutlich infolge von Blähungen und Verdauungsproblemen, oder wenn er sehr lange im Rollstuhl gesessen ist.

Für einige Stunden am Tag wird er im Rollstuhl zu den anderen Heimbewohnern in den Aufenthaltsraum gefahren. Dort ist er z.B. bei den Musik- und Vorlesestunden anwesend. Wöchentlich besucht ihn eine ehrenamtliche Mitarbeiterin und geht mit ihm spazieren. Was er vom Leben im Heim mitbekommt, lässt sich schlecht beurteilen. Allerdings ist auch fraglich, was er sprachlich mitbekommt, da er wohl kein Deutsch versteht und niemand im Heim Spanisch spricht, geschweige denn seine Muttersprache.

2.4   Frau N. ...

... ist jetzt 84 Jahre alt und lebt bei ihrer 58-jährigen Tochter. Früher war sie eine sehr aktive, gebildete Frau, die ihr Leben im Griff hatte, doch in den letzten Jahren hatte sie mehrere kleinere Schlaganfälle gehabt, und ihre geistigen Leistungen hatten sich immer mehr verschlechtert. Zunächst hatte sie sich dagegen gewehrt, ihre Selbständigkeit aufzugeben, doch nachdem sie mehrfach in verwirrtem Zustand in die Psychiatrie eingeliefert werden musste, hatte ihre Tochter per Gerichtsbeschluss das Aufenthaltsbestimmungsrecht übertragen bekommen, und sie hatte die Mutter zu sich nach Hause genommen.

Das Zusammenleben mit der zunehmend verwirrten Mutter gestaltete sich nicht einfach. Sie musste sie fast ununterbrochen beaufsichtigen. In helleren Momenten konnte sich die alte Frau ihrer früheren Selbständigkeit erinnern, was sie aber eher ungehalten und aggressiv machte. Immer weniger konnte sie selbst tun, selbst bei der Körperpflege war sie zunehmend auf Hilfe angewiesen. Immer öfter erkannte sie ihre eigene Tochter nicht mehr, oder sie hielt den Schwiegersohn für einen Fremden und wollte ihn aus dem Haus werfen. Auch ihre Sprachäußerungen wurden immer schwerer verständlich, bis sie schließlich ganz verstummte. Körperlich wurde sie auch immer schwächer.

Inzwischen steht sie fast gar nicht mehr auf und ist rund um die Uhr auf Hilfe und Pflege angewiesen. Am meisten bedrückt die Tochter, dass sie ihre Mutter auch sprachlich nicht mehr erreichen kann. Sie sitzt an ihrem Bett, hält ihre Hand und spricht zu ihr, aber sie kann keine Reaktion erkennen. An manchen Tagen ist die Mutter sehr unruhig, schreit und will aus dem Bett, obwohl ihre Beine sie nicht mehr tragen. Die Tochter sieht dann keine Alternative, als ihr Beruhigungsmittel zu geben, die der Arzt verschrieben hat.

3 Was ist anders bei diesen Menschen?
Sensomotorische Lebensweisen[4]

Vier Menschen, vier Schicksale, auch vier verschiedene Diagnosen. Aber: Was ist mit diesen Leuten, die wir »schwer geistig behindert« oder »schwerst mehrfach behindert« nennen, wie sind sie so geworden? Was meinen wir, wenn wir von »autistischem Verhalten« sprechen? Was haben sie – oder einige von ihnen – gemeinsam mit Menschen im Wachkoma oder solchen mit schwerer Demenz, die kaum noch auf übliche Ansprache reagieren? Gern werden medizinische Beschreibungen bemüht: Frühkindlicher Hirnschaden, Wahrnehmungsstörung, Autismus, Spastik, Missbildungssyndrom, Idiotie, vegetativer Zustand nach Schädel-Hirn-Trauma, Multiinfarktsyndrom, Morbus Alzheimer, und so weiter. Ist damit aber wirklich alles über sie gesagt, vor allem über ihre besondere Weise zu leben, scheinbar so anders als unsere, und was ist diesen verschiedenen Personengruppen gemeinsam, die ich hier unter dem Begriff »Menschen mit schwersten Beeinträchtigungen« in den Blick nehmen will?

Erfahrung: Notieren Sie spontan, ohne lange nachzudenken, was für Sie bei Menschen mit »schwerer geistiger Behinderung«, mit »stark autistischem Verhalten«, mit »schwerster Mehrfachbehinderung«, in »Wachkoma« oder »Demenz«, die Sie kennen, als typisch erscheint.
Vergleichen Sie dann Ihre Notizen mit anderen, suchen Sie Gemeinsamkeiten oder Unterschiede. Welche Schlüsse ziehen sie daraus?

– Bei *geistiger Behinderung* habe ich eine deutlich eingeschränkte Intelligenz im Blick, verstanden als Fähigkeit, die Umwelt und sich selbst darin zu begreifen, sie zu verstehen, mit ihr umzugehen, Komplexes zu lernen, zu denken.

4 Dieses Kapitel stützt sich v.a. auf folgende Literatur: PIAGET (1975), HAISCH (1988) und PREKOP (1990). Neuere Forschungsergebnisse dazu siehe CASE (1999). Detaillierter siehe MALL (2003).

– Von einem *schwerst mehrfach behinderten* Menschen spreche ich, wenn die Person kaum in der Lage ist, den eigenen Körper koordiniert zu »benutzen«, die eigenen Sinne aktiv in die Auseinandersetzung mit der Umwelt einzubringen.

– Bei stark *autistischem Verhalten* fällt mir die Diskrepanz auf zwischen einem möglicherweise weiter entwickelten Potential, auf das sich immer wieder Hinweise finden lassen, und der offensichtlichen Unfähigkeit, dies in sinnvoller Weise innerhalb der sozialen Zusammenhänge zu realisieren, sich auf Wechselseitigkeit einzulassen. Statt dessen beschränken sich die genutzten Möglichkeiten, mit sich im eigenen Körper sowie mit der Umwelt umzugehen, häufig auf Muster, die im Ansatz denen sehr kleiner Kinder ähneln, ganz abgesehen von den enormen körperlichen und psychischen Energien, die diese Menschen häufig nur schwer ins Gleichgewicht bringen können.

– Menschen im *Wachkoma* haben sich aus meiner Sicht in ihren Lebensmöglichkeiten ganz auf die vitalen Grundfunktionen ihres Organismus' zurück gezogen, wobei von außen kaum beurteilt werden kann, was von den Ereignissen der äußeren Welt von ihnen aufgenommen wird, und wie sie diese Eindrücke verarbeiten. Zum Teil ist auch nicht völlig klar, warum sie in diesem Zustand verbleiben, bzw. warum manche ihn vielleicht sogar nach längerer Zeit wieder verlassen.

– Bei Menschen in *Demenz* wiederum sehe ich einen zunehmenden Verlust ihrer bewussten geistigen Funktionen – wohl meist durch Alterungs- oder Krankheitsprozesse, aber sicher auch in Wechselwirkung mit ihrer subjektiv erlebten biographischen Situation – so dass es immer schwieriger und eines Tages unmöglich wird, sie auf die bisher gewohnte Art und Weise anzusprechen und zu erreichen, und auch sie selbst immer hilfloser werden.

Im Wortsinn betrachtet und verglichen mit uns nicht behinderten Erwachsenen kann man auch ein Neugeborenes als »schwerst beeinträchtigt« bezeichnen. Denn bevor ein Kind denkend und planend sich mit seiner Umwelt und sich selbst auseinandersetzt, hat es zunächst kaum mehr Möglichkeiten zur Verfügung, sich aktiv einzubringen, als die geschilderten Personengruppen. Es geht am Anfang seines Lebens einen längeren Entwicklungsweg, der durch eine Reihe von Lebensweisen führt, die Entwicklungspsychologen als Voraussetzung für komplexere kognitive und kommunikative Leistungen erkannt haben. Sie bilden sich in der nicht behinderten Entwicklung in den ersten 18 Monaten heraus, und können als *sensomotorische* Weisen der Intelligenz und des Lebens bezeichnet werden, weil in ihnen die Auseinandersetzung mit der Umwelt und dem eigenen Körper ganz unmittelbar über die *Sinneswahrnehmung* und die *Motorik* erfolgt[5].

Mit Absicht soll hier von »Lebensweisen« die Rede sein, nicht von »Phasen« oder »Stufen«, da diese Begriffe suggerieren, es handele sich dabei »lediglich« um Durchgangsstadien, die nur das Ziel haben, zum nächst »höheren« Niveau zu kommen. Es geht um die Fundamente unserer Persönlichkeit, die auch für uns »Nichtbehinderte« ihre Relevanz behalten, und die für viele beeinträchtige Menschen ihr Leben überhaupt ausmachen. Als Analogie wäre anstatt einer Treppe oder Leiter das Bild eines Hauses viel naheliegender, das verschieden viele Stockwerke haben kann, je nach den konkreten Umständen seines Entstehens, und für dessen Stabilität es vor allem auf ein tragfähiges Fundament ankommt. Und analog zu einem Haus beschäftigen auch wir uns nicht immer nur mit unseren »höchst entwickelten« Möglichkeiten, sondern es ist auch später im Leben möglich und manchmal nötig, sich wieder in die tieferen Stockwerke zu begeben, dort nach dem Rechten zu sehen, den »Innenausbau« zu vollenden, Reparaturen vorzunehmen, oder einfach die Möglichkeiten zu nutzen, die diese Lebensweise bietet.

Zu betonen ist, dass ein Kind diese Lebensweisen nicht ausbildet mit dem Ziel, später einmal komplexere Formen der Intelligenz zu entwickeln, wie es oft in der Rückschau interpretiert wird. Es lebt so, weil dies ganz seinen Möglichkeiten entspricht, mit sich und der Umwelt umzugehen. Jede dieser Lebensweisen trägt also *ihren Sinn in sich,* nicht erst in ihrer Funktion als Grundlage, um die nächste Stufe zu entwickeln. Gleichzeitig ist wichtig zu sehen, dass die sensomotorischen Themen der Intelligenz nicht verschwinden, wenn ein Mensch im eigentlichen Sinn zu denken in der Lage ist, auch wenn festzuhalten bleibt, dass komplexeres Denken, eine entfaltete Sprache, sowie ein selbständiger Umgang mit sich selbst, mit Dingen und anderen Menschen sich nur sehr erschwert oder unvollständig entwickeln können, wenn nicht alle Weisen sensomotorischen Lebens angemessen ausgebildet worden sind. Aber auch für uns nicht behinderte Menschen behalten diese Lebensweisen – in im Laufe unserer Lebensgeschichte veränderter Form – ihren Sinn und ihre Bedeutung, ja sie können je nach Lebensumständen z.B.

---

5 Siehe PIAGET (1975).

durch Unfall, Krankheit oder Alterungsprozess wieder in den Vordergrund rücken oder sogar als alleinige Weisen zu leben übrig bleiben. Es geht also nicht um die Stufen einer Treppe, die möglichst zügig zu überwinden ist, um endlich nach oben zu gelangen, sondern eher um das Fundament, das für die Stabilität eines Gebäudes mit zunehmender Höhe immer wichtiger wird.

Seine Energie bezieht diese Entwicklungsdynamik aus dem dialogischen Prinzip von *Assimilation* (»Ich passe die Umwelt mir an.«) und *Akkommodation* (»Ich passe mich der Umwelt an.«), dessen Bedeutung Piaget in seiner Beschreibung der Intelligenzentwicklung hervorhebt[6]. Ihre ständig neue *Äquilibration*, das ständig neue Einpendeln eines labilen Gleichgewichts zwischen diesen beiden gegenläufigen Tendenzen, ist eine Aufgabe, die sich in jeder Lebenssituation stellt. Ihren Ausgangspunkt nimmt diese Wechselbeziehung zwischen Mensch und Umwelt in der ersten Beziehung, im zwischenmenschlichen Raum, in *Kommunikation*.

Hier sehe ich ein Gemeinsames der oben beschriebenen Gruppen von Menschen mit schwersten Beeinträchtigungen: Bei ihnen allen erlebe ich eine tiefgreifende Störung dieses lebendigen, kommunikativen Wechselprozesses zwischen dem Individuum und seiner – vor allem menschlichen – Umwelt:

– Eine schwere geistige Behinderung kann geradezu definiert werden als ein den frühen sensomotorischen Lebensweisen verhaftet Bleiben, angewiesen darauf, dass sich die Umwelt so weit diesem Menschen anpasst, dass sein Überleben und Wohlergehen gesichert ist.

– Die Person mit schwerster mehrfacher Behinderung ist kaum oder gar nicht in der Lage, ihren Körper und ihre Sinnesorgane einzusetzen, um sich tätig mit sich und der Umwelt auseinander zu setzen. So bleibt sie ebenfalls in bleibender Abhängigkeit von der Anpassungsbereitschaft ihrer Umwelt.

– Ein Mensch mit autistischem Verhalten »kämpft« oft mit seinem ganzen Potential darum, der Assimilation verhaftet zu bleiben, offensichtlich kaum fähig, sich an fremd strukturierte Umwelt zu akkommodieren.

– Die Person im Wachkoma imponiert geradezu durch ihre ungeheure Passivität, mit der sie hinnimmt, was mit ihr geschieht, ohne einen

6 ebd.

Ansatz erkennen zu lassen, aktiv eigene Wünsche und Bedürfnisse ins Spiel zu bringen.

- Bei fortschreitender Demenz hingegen zerfallen die Möglichkeiten zusehends, sich angemessen in das Wechselspiel mit der Umwelt einzubringen, bis am Ende wieder das Angewiesensein auf die aufmerksame Pflege und Betreuung durch andere übrig bleibt, nicht unähnlich der Situation des Neugeborenen.

Im Folgenden sollen die einzelnen Weisen des sensomotorischen Lebens vorgestellt werden, um damit einen Verständnishintergrund für das Lebens von Menschen mit schwersten Beeinträchtigungen aufzuzeigen.

3.1 Einheit in Beziehung – Sicherheit – Vertrauen[7]

»Es ist gut, dass ich da bin. Ich bin in Sicherheit geborgen.«

Erfahrung: Lassen Sie sich von zwei anderen in eine Decke hüllen und darin schaukeln. Jemand kann dazu auf einem Tamburin einen Herzschlag-Rhythmus klopfen. Wie geht es Ihnen dabei? Was nehmen Sie wahr? Welche Gefühle kommen Ihnen? An was erinnert Sie die Situation?

Alle Menschen sind auf die Erfahrung angewiesen: »Es ist gut, dass ich da bin – ohne Bedingungen, gerade so, wie ich bin.« Niemand will seine Lebensberechtigung erst verdienen müssen, indem er vorgegebene Bedingungen erfüllt, die er vielleicht gar nicht erfüllen kann. Kann sich ein Mensch auf dieses Angenommen-Sein nicht bedingungslos verlassen, wird er sich nicht frei den Herausforderungen des Lebens stellen können, sondern dieser Mangel überlagert alles, was er tut, und verbraucht viel von der Energie, die er eigentlich für seine tatsächlichen Lebensprobleme bräuchte.

In der Situation im Mutterleib erlebt das Kind lange Zeit kaum eine Trennung zwischen Innen und Außen: Keine Temperaturunterschiede zwischen dem eigenen Körper und der Umwelt, kein Warten auf Nahrung, kein

---

7 In der nicht behinderten Entwicklung im Vordergrund: In der Zeit vor der Geburt.

Problem mit der Ausscheidung, kein Hell-Dunkel-Unterschied, an den es seinen Schlaf-Wach-Rhythmus anpassen müsste, durchdrungen von der Geräuschumwelt der Mutter. Es gibt allerdings auch keine Möglichkeit zur Distanzierung von der Mutter, selbst wenn das für das Kind hilfreich wäre: Ob Stress, Sorgen, Fehlernährung, Krankheitserreger, Medikamente, Drogen – all diesem ist das Kind gegebenenfalls ungeschützt ausgesetzt.

Schon hier im Mutterleib wird ein Kind davon geprägt, wie die Mutter – und vermittelt über sie seine gesamte Umwelt – zu ihm steht; im ungünstigen Fall, vor allem, wenn es auch noch manifeste physische Schädigungen erleiden musste oder massive psychische Belastungen eine Rolle spielten, wird es vielleicht schon belastet zur Welt kommen, anfälliger für störende Einflüsse, die später zusätzlich eintreten mögen[8]. Und selbst noch im Erwachsenenalter spüren wir Menschen sehr sensibel, ob wir um unserer selbst willen angenommen werden und es uns nicht erst verdienen müssen. Gezielt suchen viele Menschen immer wieder »Einheitserfahrungen« auf, sei es im körperwarmen Wasser der Badewanne, im warmen Bett, in einer Liebesbegegnung, auf dem Berggipfel, im Meer, im Wald, in der Wüste, in einer Gruppe, in Glaube, Religion, Meditation, Mystik.

> *Erfahrung:* Gibt es Situationen, die Sie spontan mit der vorgeburtlichen Lebensweise des Menschen verknüpfen? Es können Erfahrungen sein, die Themen dieser Lebensphase anklingen lassen, oder solche, die in ihnen entsprechende Wünsche wecken.
> Tauschen Sie sich mit anderen darüber aus.

Gerade, wenn auch noch eine organische Beeinträchtigung vorliegt oder die Entwicklung nicht wie erwartet voran schreitet, wird es der Umwelt eines Menschen zusätzlich schwer fallen, bedingungslos »Ja!« zu ihm zu sagen, und wenn dies doch gelingt, ist es oft hart erarbeitetes Ergebnis eines langen Weges der Auseinandersetzung mit dem Schicksal, geprägt von vielerlei Ambivalenzen. Doch wohl noch mehr als jeder von uns sind gerade diese Menschen auf die zuverlässige Erfahrung angewiesen, unvoreingenommen und selbstverständlich akzeptiert zu werden, damit sie all ihre Kraft nutzen können, die besonderen Herausforderungen ihres Lebens zu bewältigen.

> *Erfahrung:* Überprüfen Sie die oben erläuterte Ansicht, indem Sie sie mit Berichten von Eltern behinderter Kinder über deren vorgeburtliche oder Neugeborenenzeit vergleichen.

---

8   siehe FRÖHLICH (1982)

Jedes heilpädagogische bzw. therapeutische Angebot wird sehr viel wirkungsvoller sein, wenn die PartnerIn die grundsätzliche Akzeptanz durch die Berufsperson spürt (»Es ist gut, dass du da bist – so wie du bist!«), um so mehr, wenn ihr Ur-Vertrauen vielleicht ohnehin schon brüchig ist. Bei jemandem, der noch ganz an diese Thematik gebunden ist, wird erst einmal zumindest ein begrenztes Fundament an Vertrauen aufzubauen sein, bevor die Bereitschaft erwartet werden kann, auf Angebote einzugehen und sie in die eigene Entwicklung zu integrieren. Ein sehr förderungs- und veränderungsbezogenen Ansatz läuft jedoch Gefahr, dem andern eher zu vermitteln: »Du bist nicht in Ordnung – ich bin noch nicht zufrieden mit dir, erst musst du noch dies und das lernen (vielleicht am besten: nicht mehr behindert sein), bevor ich dich so annehmen kann, wie du bist.«[9] Ein unreflektiertes Verfolgen des Anliegens »lebenslanger Förderung« sollte auf diesem Hintergrund durchaus in Frage gestellt werden.

3.2 Überleben – Sicherung der Vitalfunktionen[10]

»Ich bin mit dem Nötigen für Leib und Seele gut versorgt.«

Lebenslang sind wir mit der Befriedigung unsere Grundbedürfnisse beschäftigt: Unser Überleben hängt unmittelbar davon ab, dass wir atmen, essen und trinken, ausscheiden, die Körperwärme regulieren, schlafen, für Schmerzfreiheit sorgen. Wenn das nicht zuverlässig gelingt, drängen sich diese vitalen Bedürfnisse unerbittlich in den Vordergrund, was zum Beispiel jeder nachvollziehen kann, dessen Trinkflasche bei einer Wanderung in der Sommerhitze leer war, und kein Brunnen war in Sicht. Doch nicht nur unsere körperlichen Bedürfnisse bedürfen der Pflege, sondern auch unsere Seele. Wir geraten psychisch aus dem Gleichgewicht und suchen Hilfe, um wieder Ruhe zu finden. Wenn wir von Schmerzen und Leid geplagt sind, suchen wir Trost.

---

9   Erschreckt stellten Mitarbeiter eines Wohnheims nach dem Tod eines Bewohners fest, dass er ja noch gar nicht mit seinem Förderplan fertig geworden war. Bis an sein Lebensende musste er erfahren, dass er noch nicht »fertig«, seine Umwelt mit ihm noch nicht zufrieden war (mündlicher Bericht). Was für ein Leben...!
10 In der nicht behinderten Entwicklung im Vordergrund: Ca. während des ersten Monats.

Wenn uns ein lieber Mensch in die Arme nimmt, uns schaukelt und wiegt, oder auch in Klängen und vertrauten Gerüchen erleben wir Geborgenheit.

Diese grundlegenden Notwendigkeiten prägen die ersten Lebenswochen eines Kindes, zu aller erst die oben geschilderte Erfahrung unbedingten Angenommenseins. So ist es noch kaum an vielen neuen Erfahrungen aus der Außenwelt interessiert, sondern benötigt vor allem Pflege und Beruhigung. Entsprechend kann ein sehr schwer beeinträchtigter Mensch sein Leben lang mit der Sicherung seiner Grundbedürfnisse beschäftigt sein, und er wird dann kaum bereit sein, sich auf weiter gehende Angebote und Forderungen einzulassen. Oder es gelingt ihm nicht, sich mit seiner Umwelt in stimmiger Korrespondenz zu erleben, womit ihm diese grundlegende Dynamik für weiteres Lernen fehlt und er sein Leben letztlich auf sich gestellt, nicht eingebunden in die lebendige Interaktion mit der Umwelt organisieren muss.

Es geht hier unter anderem um Fragen bezüglich Lagerung, Haltungserleichterung, Schmerzvermeidung oder optimiertes Handling, oder auch um Nahrungsaufnahme und Flüssigkeitszufuhr, Ausscheidung oder Schlaferleichterung. Gleichrangig mit den körperlichen Bedürfnissen muss jedoch auch stets die emotionale Befindlichkeit des Menschen im Blick bleiben, Erfahrungen von Verständnis, Trost, Ruhe und Entspannung.

Hier auch kommen die grundlegenden Erfahrungen von *Wechselseitigkeit* ins Spiel, das Wechselverhältnis von *Assimilation* und *Akkommodation*[11], der Aufbau der Symbiose zur ersten Bezugsperson[12]. Das, was von außen kommt, hat etwas zu tun mit dem, was in dem Menschen geschiet: Das Neugeborene schreit – die Mutter beruhigt und »stillt« es. Das Kind erlebt eine Anregungssituation als Reizüberflutung und wendet den Kopf ab – die Mutter bemerkt dies und nimmt ihre Anregungen zurück. Das Kind schreit, weil die volle Windel die Haut reizt – jemand erkennt die Ursache und macht das Kind frisch[13]. Kommt es in diesem Zusammenspiel zu »Regulationsstörungen«, kann dies Ausgangspunkt schwerwiegender Entwicklungsstörungen sein[14]. Gelingt die gegenseitige Regulation, schafft das die Voraussetzungen für eine fruchtbare Entwicklung der Kommunikation.

Menschen mit schwerster Mehrfachbehinderung bleiben oft ihr Leben lang an diese Themen gebunden. Die grundlegenden Lebensfunktionen wie

---

11 Siehe PIAGET (1975)
12 siehe MAHLER, PINE, BERGMANN (1994)
13 Siehe z.B. die Beobachtungen von STERN (1979) und anderen Säuglingsforschern.
14 Siehe PAPOUSEK u.a. (2004).

Ernährung, Temperaturregulation, Schlaf-Wach-Rhythmus, aber auch die Fähigkeit zum Spannungsausgleich können nicht autonom geregelt werden, sondern bleiben hoch problematisch. Es ist auch nachvollziehbar anzunehmen, dass Menschen im Wachkoma oder Demenz sich in gewisser Weise in dieser Lebensweise wiederfinden. Selbstverständlich geschieht dies vor dem Hintergrund ihrer individuellen Biografie, die immer präsent und wirksam bleibt, so das sich ihre simple Gleichsetzung mit Säuglingen verbietet. Andererseits erhält man durch diese Sichtweise einen neuen Blick auf ihre mögliche Bedürfnislage, die sich durch ein entsprechendes Angebot verifizieren lässt.

Vor allem das Fehlen von Wechselseitigkeit kann geradezu als Bestimmungsmoment für schwerste Beeinträchtigung angesehen werden. Entweder konnte sie sich aufgrund der massiv erschwerten Startbedingungen (organische Schädigung, Klinikaufenthalt, Trennungserfahrungen, Hilflosigkeit und Überforderung der Eltern, usw.) gar nicht erst ausbilden, oder sie ist infolge traumatisierender (im Fall eines Schädel-Hirn-Traumas) oder chronischer (bei einer Demenz) Entwicklungsverläufe unmöglich geworden.

> *Erfahrung:* In welchen Situationen können auch für nicht behinderte Menschen die Themen dieser Lebensweise (Überleben, gepflegt Werden, Spannungsausgleich) wieder in den Mittelpunkt treten? Welche Bedeutung kommt hier dem Erleben von Wechselseitigkeit zu?

3.3   Den Körper in Bewegung erleben[15]

»Ich spüre meinen Körper, entdecke seine Möglichkeiten, erlebe mich lustvoll in Bewegung.«

Lust an Bewegung ist eine zutiefst befriedigende Erfahrung. Wenn wir bei Sport, Tanz oder körperlicher Betätigung aktiv sind, oder wenn wir passiv in der Hängematte, auf der Schaukel, der Achterbahn, dem Karussell Bewegung erleben, genießen wir das Zusammenspiel der taktil-kinästhetischen Sinnessysteme von Gleichgewichtssinn (Innenohr), Kraftsinn (Muskeln), Stellungssinn (Gelenke) und Tastsinn (Haut). In Spitzensport,

---

15 In der nicht behinderten Entwicklung im Vordergrund: Im ca. zweiten bis dritten Monat.

Artistik und Tanz, auch beim virtuosen Spielen eines Musikinstruments wird unermüdlich daran gearbeitet, Körperbeherrschung und Bewegungsabläufe zu perfektionieren. Motorradfahren, Klettern oder Bungjee-Springen werden durch den »Kick« reizvoll, ausgelöst durch die extreme Stimulation dieser Sinne. Aber auch bei einer wohl tuenden Massage, im warmen Wasser des Thermalbads, durch das verwöhnende Angebot einer geschickten Kosmetikerin erleben wir unseren Körper auf angenehme Weise, ebenso im zärtlichen Zusammensein mit einem geliebten Menschen.

Erfahrung: Ein Teilnehmer der Gruppe wird blind zu einem Schaukelbrett geführt (ein. 1 m x 1,5 m großes Brett mit Kufen an der Unterseite). Er soll diesen Gegenstand erkunden und versuchen, was er damit anfangen kann, anschließend die Gefühle schildern, die er dabei hatte.

Diese Lust an Bewegung genießt auch das kleine Kind, wenn es getragen, geschaukelt, im Kreis geschwungen, sogar hoch geworfen und aufgefangen wird, im Vertrauen auf seine Eltern. Die Freude an der wachsenden Fähigkeit zur Körperkontrolle motiviert es zu lernen, wie man den Kopf gerade hält, mit der Hand den Mund findet, die Augen auf das Gesicht der Mutter ausrichtet und ihre Hand ergreift, die es berührt. Es genießt Massage, Baden, Abrubbeln, Kitzeln, und jede andere Gelegenheiten, den eigenen Körper lustvoll zu spüren[16].

Wichtiger Teilaspekt dieser Lebensweise ist es, den Gebrauch der Sinnesorgane (der »Sinnesmodalitäten«) im Zusammenspiel mit der Motorik zu üben, so die visuelle Wahrnehmung, die die differenzierte motorische Kontrolle der Augen voraussetzt, das gerichtete Hören oder auch die gezielte Reaktion auf einen Berührungsreiz. Dabei kommt es wohl – das nötige Ur-Vertrauen vorausgesetzt – zu der grundsätzlichen Entdeckung, dass die Sinnesorgane dazu taugen, sich sinnvolle Informationen über die Umwelt zu beschaffen, dass es »sich lohnt«, sie als »Tor zur Welt« zu nutzen.

Die Erfahrung seiner selbst in der Bewegung ist für den Menschen dieser Lebensweise Selbstzweck. Er sucht sie, weil es ihm Spaß macht. Noch differenzierter gestaltet sich sein Erleben, und noch mehr Spaß macht es, wenn ein anderer die *Anregung* übernimmt. So verhält sich die Mutter im Zusammenspiel mit ihrem Baby, wenn es auf dem Wickeltisch oder nach

---

16 Entspricht in etwa PIAGETS »zweitem Stadium« der »primären Zirkulärreaktionen« (PIAGET 1975, S. 57 ff); HAISCH spricht von »erregungsgeleiteter Selbstbewegung« (HAISCH 1988, S. 21 ff), PREKOP und AFFOLTER von »modalitäts-« bzw. »sinnespezifischer Stufe« (z.B. AFFOLTER 1987, S. 36; PREKOP 1990, S. 56).

dem Füttern aktiv wird: Sie unterstützt das Kind in seinem Tun. begleitet es, fordert es heraus – sie tut alles, um die lustvolle Aktivität des Kindes aufrechtzuerhalten, und sie tut es äußerst fein abgestimmt auf sein Verhalten. Dabei kann sie ihm auch Reize und Erfahrungen vermitteln, die seine eigenen Fähigkeiten (noch) übersteigen[17].

Für manche beeinträchtigte Menschen bleibt ihr Leben hindurch die Anregung der Körpersinne von vorrangiger Bedeutung, indem sie zum Beispiel ihren Gleichgewichtssinn durch Schaukeln, sich Drehen oder andere Bewegungsabläufe reizen, überstarke Tastempfindungen suchen oder ihre Gelenke durch Überdehnen oder die Einnahme bizarrer Körperstellungen stimulieren. Auch bezogen auf die übrigen Sinnesorgane kann es zu Selbststimulation kommen. Manchmal, zum Beispiel in Situationen der Überforderung oder der Reizüberflutung, rücken diese Erlebnis- und Verhaltensweisen verstärkt in den Vordergrund – man kann man den Eindruck gewinnen, die Person ziehe sich so aus der überfordernden Auseinandersetzung mit der Umwelt auf sich selbst zurück. Bei manchen Menschen scheint dies so weit zu gehen, dass sie ihre Sinnesorgane überhaupt nicht oder überaus selektiv zur Aufnahme Umwelt-bezogener Reize nutzen, so dass sie sogar zeitweilig als blind oder taub diagnostiziert werden, obwohl sich keine organische Schädigung des Sinnesapparats finden lässt. Bei anderen Personen sind es vor allem ihre motorischen Einschränkungen, die sie am Erwerb der Erfahrungen aus diesem Themenbereich hindern, womit ihre Ausgangsbasis geschwächt ist, um die darauf aufbauenden Lebensweisen in der nötigen Breite zu erwerben, und sie so eventuell weiter diesen Themen verhaftet bleiben.

Erfahrung: In welchen Situationen tritt für Sie die Lebensweise wieder in den Vordergrund, die gekennzeichnet ist durch die Freude an koordinierter Bewegung, durch die Selbsterfahrung in der Bewegung, aktiv wie passiv?

---

17 Siehe u. a. Papousek (1983).

3.4 Die Umwelt mit den Sinnen entdecken[18]

»Ich bin offen für Neues, ich kann mit meinen Sinnen genießen.«

Erfahrung: Diese Erfahrung für eine Gruppe braucht einen Leiter. Der sammelt zuvor so viele Gegenstände wie Teilnehmer. Die Dinge sollten eher etwas ungewöhnlich sein.
Die Teilnehmer schließen die Augen. Der Leiter gibt jedem einen Gegenstand in die Hand. Jeder soll seinen Gegenstand auf alle möglichen Eigenschaften untersuchen, auch auf solche, die mit seiner eigentlichen Funktion nichts zu tun haben.
Tauschen Sie sich über die gemachten Erfahrungen aus. Was war besonders angenehm, was unangenehm?

Hat ein Kind seinen Körper und seine Sinne genügend beherrschen gelernt, und hat es genügend Vertrauen, sich unbekannten Erfahrungen auszusetzen, geht es daran, seine Umwelt zu entdecken[19]: Wie fühlt sich das an? – Wie schmeckt das? – Wie riecht es? – Welche Geräusche kann man damit machen? – Wie sieht es aus? Es erkundet mit allen Sinnen die Objekte seiner Umgebung, und es weiß bald, was ihm gefällt und was nicht. In der Folge bildet es eine innere Welt der Vorstellungen aus (die sich wie bei allen sensomotorischen Erfahrungen in der entsprechenden Vernetzung der neuronalen Verarbeitungsstrukturen niederschlägt[20]), darüber, welche Eigenschaften die Objekte seiner Umwelt aufweisen, wozu auch die vertrauten Personen gehören[21].

Erfahrung: Sie kennen sicher Tonaufnahmen verschiedener Umweltgeräusche. Sie können solche auch selbst herstellen. – Der Leiter spielt jeweils ein Geräusch vor (z. B. Wecker, Bagger, Türklingel, usw.). Die Teilnehmer raten, was das Geräusch erzeugt. Dann versuchen sie, Sinnesempfindungen verschiedener Art wachzurufen, die sie mit dem Geräusch verbinden, sowie ihre Gefühle, die sich dabei einstellen.

---

18 In der nicht behinderten Entwicklung im Vordergrund: Im ca. dritten bis achten Monat.
19 Entspricht in etwa PIAGETS »drittem Stadium« der »sekundären Zirkulärreaktionen« (PIAGET 1975, S. 159 ff); HAISCH spricht von »effektgeleiteter Betätigung« (HAISCH 1988, S. 31 ff), PREKOP und AFFOLTER von »intermodaler Stufe« (AFFOLTER 1992, S. 39; PREKOP 1990, S. 57).
20 Siehe VESTER 1996, S. 38 f, oder SPITZER 2000.
21 So lässt sich das »Fremdeln« nach etwa 8 Monaten als Resultat dieser gewachsenen Vorstellungskraft verstehen.

Immer wenn wir mit unseren Sinnen etwas genießen, greifen wir auch als nicht behinderte Erwachsene dieses Thema auf: Wir haben unsere Lieblingsspeisen, gestalten die Farben in unserer Umgebung, achten beim Kauf von Kleidung oder von Möbeln auf die taktilen Eigenschaften der Dinge, suchen Wohlgerüche auf. Auch in der Natur, beim Umgang mit Musik oder dem Einsatz von Kosmetika geht uns um die angenehme Stimulation unserer Sinne.

Beeinträchtigte Menschen werden häufig schon durch ihre ungenügende Bewegungsfähigkeit – die Schwächen der taktil-kinästhetischen Wahrnehmung – an der umfassenden Entdeckung ihrer Umwelt gehindert, und oft finden sie nicht die Unterstützung durch andere, die sie zur Kompensation ihrer Einschränkungen bräuchten. Oder sie sind durch übermächtige Angst gehemmt, sich neugierig und offen auf die Begegnung mit dem Unbekannten einzulassen, beschränken dann vielleicht ihre Umwelterforschung auf wenige »stereotype« Teilbereiche und vermeiden es so, von Neuem überwältigt zu werden.

Teilweise mag es aber auch an der Begrenztheit der zugänglichen Welt liegen (zum Beispiel das Bett, der Rollstuhl, das Zimmer), die kaum Chancen bietet, neue und abwechslungsreiche Sinnesreize zu erleben, dass die Eindrücke, die die betroffenen Menschen von dieser Welt gewinnen können, entsprechend beschränkt und ihre innere Vorstellungswelt verarmt bleiben[22]. Wenn sie sich dann selbst mit immer den gleichen Sinnesreizen stimulieren, hat das eventuell den Sinn, dem Nervensystem wenigstens ein Mindestmaß an Reizzufuhr zu bieten, nach der es trotz allem verlangt.

Heilpädagogische bzw. therapeutische Angebote können sich hier zum Ziel setzen, mit dem motorisch eingeschränkten Menschen Wege zu erarbeiten, wie trotz dieser Beeinträchtigungen Umwelterfahrungen möglich werden können. Sie werden dabei jedoch an Grenzen stoßen, wenn den Menschen übermächtige Angst dazu bewegt, sich allen neuen Umwelterfahrungen zu verschließen. Dann ist es vorrangig, zunächst mit »vertrauensbildenden Maßnahmen« die Erfahrungen der tiefer liegenden Lebensweisen aufzugreifen, vielleicht durch eher »verwöhnende« Angebote, die das Wohlbefinden fördern, um diese notwendige Ausgangsbasis zu entwickeln.

---

22 Damit korrespondiert wohl ebenso eine Verarmung der inneren, neuronalen Verarbeitungsstrukturen, die sich entsprechend der Art und Weise gestalten, wie der Mensch mit der Umwelt interagiert (siehe zum Beispiel die Abbildungen in Vester 1996, S. 38 f, sowie Spitzer 2000, Hüther 2001).

3.5 Eigene Wirksamkeit erleben[23]

»Ich kenne mich aus und habe Einfluss auf meine Umwelt. Meine Gewohnheiten werden respektiert.«

> *Erfahrung:* Sie als Leiter sprechen Silbenreihen vor, die andern sprechen sie nach. Die Reihen werden immer länger. (Notieren Sie sich vorher die Reihen.) Machen Sie über Ihrem Kopf Bewegungen mit den Händen (winken, drehen. abknicken, kreisen, usw.), die andern ahmen Sie nach. Die Bewegungsfolgen werden immer länger.
> Notieren Sie (jeder für sich), wie es bei Ihnen üblicherweise am Morgen abläuft zwischen Wecken und zur Arbeit Gehen. Vergleichen Sie untereinander.

Im Laufe des ersten Lebensjahres entdeckt das nicht behinderte Kind sein Vermögen, auf seine Umwelt Einfluss auszuüben[24]. So schreit es zum Beispiel nicht mehr nur als Reaktion auf frustrierende Erfahrungen, wie vielleicht nach dem Verlust seines Lieblingsspielzeugs, sondern setzt dies gezielt zur »Provokation« einer Reaktion von Mutter oder Vater ein. Es spielt mit diesen Reiz-Reaktions-Ketten, voller Erwartung, wie lange dies »funktioniert«, und wie groß sein Einfluss tatsächlich ist, wobei der Reiz mehr im Erleben der eigenen Wirksamkeit liegt als in dem konkreten Ziel der Handlungskette. Auf das Spazieren Gehen freut es sich bereits beim Anblick der Jacke, gegen das Baden protestiert es bereits, wenn es das Wasser rauschen hört. Beim Hoppe-Reiter-Spiel wartet es voller Spannung auf den Höhepunkt im »Plumps«, oder am Ende des Fingerspiels auf das Kitzeln. Dabei bilden sich Erwartungshaltungen, wie auch Ansätze für eine innere Vorstellung von Raum und Zeit. Beim Verstecken und wieder Finden formt sich die Erkenntnis der Objektkonstanz, nämlich dass Dinge und Menschen auch dann noch vorhanden sind, wenn man sie gerade nicht spürt, sieht oder hört. Will ich als Fremder mit dem Kind in Kontakt kommen, werde ich mich besser zunächst nach seinen Gewohnheiten richten, »sein Spiel mitspielen« und es nicht gleich mit meinen eigenen, neuen

---

23 In der nicht behinderten Entwicklung im Vordergrund: Im ca. achten bis elften Monat.
24 Entspricht in etwa PIAGETS »viertem Stadium« der »Koordination der sekundären Verhaltensschemata und ihre Anwendung auf neue Situationen« (PIAGET 1975, S. 216 ff); HAISCH spricht von »gewohnheitsgeleiteter Betätigung« (HAISCH 1988, S. 38 ff), AFFOLTER und PREKOP von der »serialen Stufe« (PREKOP 1990, S. 56 ff; AFFOLTER 1992, S. 52 ff).

Ideen und Anregungen konfrontieren, sonst werde ich für das Kind kaum ein interessanter Spielpartner werden.

Auch die meisten erwachsenen, nicht behinderten Menschen strukturieren ihren Alltag gemäß ihren Gewohnheiten. Routinen und Rituale geben Sicherheit, manchmal bis hin zur Zwanghaftigkeit. Eine unvertraute Situation, sei es die neue Arbeitsstelle, die neue Wohnung nach einem Umzug, das Hotel am Urlaubsort, fordert dazu heraus zu ergründen, wie es hier läuft, wie die räumlichen, zeitlichen und ursächlichen Zusammenhänge sind. Wenn es gelingt, etwas zu bewirken, eine neue Situation zu kontrollieren, sich als einflussreich zu erleben, schafft dies ein Gefühlt der Befriedigung. Selbstbestimmung hat ihre Wurzeln in diesem Lebensthema.

> *Erfahrung:* Wie sieht es bei Ihnen aus mit Gewohnheiten, Vorlieben, Abneigungen, Ordnungsvorstellungen, mit dem Wunsch, dass andere »Ihr Spiel mitspielen«?
>
> Wie geht es Ihnen, wenn Sie sich gehindert erleben, gemäß Ihren Vorstellungen zu leben?
>
> Was war Ihnen in der Anfangszeit wichtig, als Sie eine neue Arbeitsstelle angetreten haben?
>
> Tauschen Sie sich mit andern darüber aus.

Selbst wenn ein Mensch auf Grund seiner Beeinträchtigungen nur sehr wenige Handlungsmöglichkeiten hat, kann er entdecken, dass er seine Umwelt beeinflussen kann, und sei es mit schlichter Verweigerung, gezieltem »Stören«, oder im »stereotypen« Einfordern bestimmter Dinge (zum Beispiel dass immer das Radio zu spielen hat). Sobald jemand ein Empfinden für die eigene Wirksamkeit gewonnen hat, will er sich auch aktiv in seine Umwelt einbringen, und erhält er keine konstruktive Gelegenheit dazu, wird er dies wohl eher mit »störendem Verhalten« tun, bevor er sich in Resignation drängen lässt – um so mehr, wenn er sich vielleicht ohnehin ständig überfahren und bevormundet erlebt, weil seine Umwelt schon immer bereits zu wissen meint, was er will, was er braucht, was er tun soll. Er will auch spüren, wie weit sein Einfluss reicht, und ob die aufgezeigten Grenzen wirklich verlässlich sind. Dabei kann je nach Reaktion der Umwelt, die überstark eingrenzt oder aber unrealistisch nachgiebig ist – manchmal sogar gleichzeitig, bezogen auf verschiedene Verhaltensbereiche – der subjektive Eindruck von Ohnmacht, von Omnipotenz oder von Verwirrung entstehen.

Die Kontrolle der Umwelt über Zwänge und Rituale oder das Bestehen auf Gleichförmigkeit, auch durch »provozierendes Verhalten« können dann den Sinn haben, selbst für die Klarheit der Strukturen zu sorgen, vielleicht aber auch, um damit übergroße Angst vor Neuem abzuwehren und unvorhersehbare Situationen zu vermeiden. Letzteres kann ein Hinweis auf Schwierigkeiten bezüglich des Umgangs mit Zusammenhängen sein, ist vielleicht aber auch als Folge tief sitzender und weit zurück liegender Verunsicherungen zu sehen, bezüglich der Themen »Urvertrauen«, »Vitalfunktionen« oder auch »Umwelt entdecken«.

Verhindert eine zu bevormundende und einschränkende Umwelt die Entdeckung der eigenen Wirksamkeit, mag dieser Mensch vielleicht zwar weiterhin »brav«, lenkbar und überangepasst bleiben. Ihm fehlt jedoch eine wichtige Grunderfahrung zur Ausdifferenzierung seiner Persönlichkeit im Herauswachsen aus der symbiotischen Beziehungswelt, und gleichzeitig behindert dies zusätzlich seine intellektuelle Entfaltung, weil ihm wichtige Grundkonzepte für die Erkenntnis seiner Umwelt vorenthalten bleiben.

Wenn sich der Sinn für Zusammenhänge nicht oder nur unvollkommen entwickelt, können zeitliche Strukturen nur ungenügend wahrgenommen werden. Dann ist »später« vielleicht gleich bedeutend mit »nie«, warten zu müssen ist kaum auszuhalten. Manche vergewissern sich bezüglich der Abläufe durch ständiges Nachfragen, und es kann ihnen eine große Hilfe sein, wenn man Zeitstrukturen oder Handlungsketten visualisiert (zum Beispiel durch Kalender, Pläne o.ä.). Selbst wenn jemand solche Zusammenhänge schon oft miterlebt hat, kann er Mühe haben, sie selbstständig ohne Begleitung »auf die Reihe« zu bekommen oder gar auf neue Situationen zu übertragen, Lernen aus Erfahrung ist damit kaum möglich. Wird dies von der Umwelt nicht erkannt, kommt es rasch zu Überforderung.

Heilpädagogische bzw. therapeutische Angebote dürften hier häufig auf Probleme stoßen, wenn die PartnerIn es im Bewusstsein ihrer eigenen Wirksamkeit verweigert, sich darauf einzulassen, einfach schon deswegen, weil sie von außen kommen, sie sie nicht als »ihr Spiel« erlebt. Hier nehmen immer wieder Machtkämpfe und letztlich unlösbare Clinch-Situationen ihren Ausgang, wenn beide Seiten darauf bestehen, die Situation kontrollieren zu wollen. Es ist dann vermutlich aussichtsreicher, zunächst von der »reinen Lehre« der eigenen pädagogischen oder therapeutischen Vorstellungen abzugehen und erst einmal eine Atmosphäre kooperativer Gemeinsamkeit herzustellen, sich an die PartnerIn anzupassen, »ihr Spiel mitzuspielen«, bevor versucht wird, die eigenen Konzepte einzubringen – sicherlich oft eine Gratwanderung und eine Herausforderung an die pädagogische Kompetenz der Berufsperson.

In ähnlichem Zusammenhang ist zu sehen, wenn eine Person für sich bereits eine Strategie zur Lösung eines Handlungs- oder sozialen Problems entwickelt hat, die aber aus heilpädagogischer Sicht nicht optimal ist. Auch dann ist es wenig Erfolg versprechend, sich auf einen Machtkampf mit ihr einzulassen, sondern die heilpädagogische Kunst besteht wieder darin, aus einer partnerschaftlichen Haltung heraus die Brücke zu finden zwischen dem nötigen Respekt vor der Autonomie der PartnerIn und dem eigenen fachlichen Anspruch oder der faktischen Notwendigkeit, ihr eine angemessenere Vorgehensweise zu vermitteln. Vor allem in der Beratungssituation stößt man immer wieder auf solche Konstellationen.

Hat die Person noch kein zuverlässiges Verständnis von Zusammenhängen entwickelt, wird sie mit den typischen »Wenn-dann«-Situationen Mühe haben (zum Beispiel wird sie kaum zur Mitarbeit zu motivieren sein, indem man ihr eine Belohnung in Aussicht stellt, »Strafen« sind wenig wirkungsvoll; oder die Erinnerung an frühere Erfahrungen oder an Handlungsabfolgen ist nur unzuverlässig möglich). Sie wird auch große Schwierigkeiten haben, Handlungsmuster, die sie in einer Situation erlebt oder erarbeitet hat, auf eine andere Situation zu übertragen, zum Beispiel von der Einzelstunde in die Schulklasse oder nach Zuhause, was dafür sprechen würde, Angebote möglichst in die Alltagssituation der Person einzubetten.

3.6   Sich einbringen und teilhaben[25]

»Ich stelle mich dar und werde wahrgenommen. Ich bin einbezogen und beteilige mich.«

Erfahrung: Sie denken sich irgendeine Tätigkeit aus und setzen sich zum Ziel, dass Ihr/e Partner/in diese ausführt. Sie versuchen, ihr/ihm ohne Sprache verständlich zu machen, welche Absicht Sie haben. – Versuchen Sie es mit verschieden komplizierten Tätigkeiten. Tauschen Sie jeweils die Rollen, besprechen Sie Ihre Erfahrungen.
Vergleichen Sie Ihre Erfahrungen in der Gruppe.

Hat jemand eine gewisse Kompetenz im Umgang mit Zusammenhängen erworben und weiß, »wie es läuft«, nutzt er dies umgehend, um seine Interessen »ins Spiel« zu bringen, indem er seine Wünsche äußert, beobachtet, »wie es die andern machen«, und es auch einmal auf diese Weise versucht, mit

---

25 In der nicht behinderten Entwicklung im Vordergrund: Im ca. elften bis achtzehnten Monat.

der Zeit vielleicht auch die relevanten Wörter und Bezeichnungen lernt, damit man ihn versteht[26]. Dabei lernt er auch abzuschätzen, wie weit man sich an die »Spielregeln« halten sollte, und wo es vielleicht möglich wäre, sie zu eigenen Gunsten zu ändern. Es liegt ihm daran, beachtet zu werden, »eine Rolle zu spielen«, sich einbringen zu können. Er beteiligt sich gern an Tätigkeiten, die in seiner Umgebung als bedeutungsvoll angesehen werden, lässt sich Aufgaben übertragen und freut sich über Lob und Anerkennung, selbst wenn er vielleicht bei ihrer Durchführung noch motorische oder Verständnisschwierigkeiten hat. Jemand, der erfolgreich zum Beispiel in einer Werkstatt für behinderte Menschen integriert werden soll, sollte zumindest diese Voraussetzungen mitbringen.

Entsprechendes erleben wir bei einem Kind gegen Ende des ersten Lebensjahrs, wenn es die ersten Worte und Gesten formt und lernt, damit seine Wünsche auszudrücken, Interessantes zu bezeichnen, oder Abläufe zu kommentieren. Es setzt gezielt bekannte Abläufe in Gang, um damit seine Absichten zu zeigen oder seine Ziele zu erreichen. So krabbelt es zum Beispiel zum Schuhständer, holt seine Schuhe heraus und drückt damit aus: »Mama, ich will spazieren gehen!« Das Kind beobachtet, wie sich die Erwachsenen und die anderen Kinder in seiner Umgebung verhalten, und versucht, sie nachzuahmen, um das, was ihm tauglich scheint, in sein Verhaltensrepertoire zu integrieren. Es übt auch den exakt angepassten motorischen Umgang mit den Objekten seiner Umwelt: Es steckt zum Beispiel Bauklötze auf und in einander, schaut, was in welches Loch passt – es will mit den Händen die Objekte beherrschen (»taktile Kontrolle«: Hand-Hand-Koordination, Kraftdosierung, Kraftrichtung zur Überwindung von gespürtem Widerstand, Hand-Material-Koordination, Auge-Hand-Koordination – entsprechend auch in der Grobmotorik zum Beispiel beim Gehen auf unebenem oder beweglichem Untergrund, treppab steigen, in zu großen Schuhen gehen, usw.).

Erfahrung: Ein Teilnehmer, der das Material noch nicht gesehen hat, bekommt die Augen verbunden und soll mit Lego-Steinen etwas bauen.
Die andern beobachten, anschließend wird sein Vorgehen besprochen.

---

26 Entspricht in etwa PIAGETS »fünftem Stadium« der »tertiären Zirkulärreaktionen« und der »Entdeckung neuer Mittel durch aktives Ausprobieren« (PIAGET 1975, S. 267 ff); HAISCH spricht vom »darstellungs- und modellgeleiteten Handeln« (HAISCH 1988, S. 46 ff), AFFOLTER und PREKOP von der »intentionalen Stufe« (PREKOP 1990, S. 60).

Wenn beeinträchtigte Menschen diese Lebensweise entwickelt haben, wollen auch sie sich mitteilen, eine Rolle spielen, beachtet werden und erreichen, dass man ihre Absichten einbezieht und berücksichtigt. Manchmal mag es ihnen dabei von ihren kognitiven Fähigkeiten her schwer fallen, diesen Wunsch auch mit eigenen Inhalten zu füllen, und so ahmen sie einfach nach, wie es die andern tun, oder sprechen nach, was sie von andern hören, äußern Meinungen und Urteile, die sie übernommen haben (nicht unähnlich manchen Stammtisch- oder Kaffeeklatschgesprächen). Im ungünstigen Fall treffen sie dabei auf das Vorurteil, dass sie ohnehin nichts Eigenes zu sagen hätten, weil sie ja »geistig behindert« oder »verwirrt« seien, und dass ihre Meinung keine Rolle spiele, worauf ihnen eigentlich nur die Wahl bleibt zu resignieren oder aufzubegehren – und dann nennt man sie wieder »verhaltensgestört«. Oder sie täuschen der Umwelt durch ihr Auftreten und Benehmen eine Alltagskompetenz vor, die sie jedoch tatsächlich nicht realisieren können, und bringen sich so selbst immer wieder in Überforderungssituationen oder lösen unrealistische Erwartungen aus (auch relevant im Zusammenhang mit sexuellem Missbrauch beeinträchtigter Menschen).

Andere Menschen mit Beeinträchtigungen sind sich zwar durchaus bewusst, welche Wünsche, Bedürfnisse oder Kommentare sie äußern möchten, doch konnten sie aus unterschiedlichsten Gründen keinen Zugang zur Verbalsprache finden. Sie profitieren von den vielfältigen Möglichkeiten der Unterstützten Kommunikation, mit denen sie die fehlende Verbalsprache kompensieren können – wenn sie die entsprechende Unterstützung erfahren[27].

Bei heilpädagogischen bzw. therapeutischen Angeboten sind Menschen, die diese Lebensweise erreicht haben, sicher oft gut zur Mitarbeit zu motivieren, sie können auch eher verbale Anweisungen umsetzen, sind empfänglich für Lob und Ansprache. Allerdings ist es nachvollziehbar, wenn sie sich lieber mit diesem relativ hohen Leistungsniveau präsentieren wollen, während die Berufsperson vielleicht aus therapeutischen Gründen gerade ihre »schwächeren« Seiten in der Vordergrund rücken will. Hier ist wieder heilpädagogische bzw. therapeutische Kompetenz gefordert, um hilfreiche Angebote so zu gestalten, dass die PartnerIn zur Mitarbeit motiviert bleibt, auch wenn es für sie darum geht, die eigenen Schwächen wahrzunehmen, und gleichzeitig dafür zu sorgen, dass sie sich partnerschaftlich ernst genommen erlebt.

---

27 siehe TETZCHNER, MARTINSEN (2000), WILKEN (2002), BOENISCH, BÜNK (2003)

Erfahrung: Stellen Sie sich vor, Sie haben an einer neuen Arbeitsstelle begonnen, oder Sie beziehen Ihr Hotelzimmer im Urlaub. Wie weit spielen für Sie nach der ersten Orientierungsphase die Themen der beschriebenen Lebensweise eine Rolle?

3.7 Sich mitteilen und sich einfühlen[28]

»Ich beziehe mich auf meine Erfahrungen, teile mein inneres Erleben mit, fühle mich in andere ein.«

Wenn wir jemanden sehen, der weint, schauen wir in der Regel nicht neugierig zu, wie ihm Wasser aus den Augen läuft, sondern wir werden von seinem Gefühl angesteckt und fühlen seine Trauer selbst in uns, denn wir können uns vorstellen, wie sich Traurigsein anfühlt. Wenn uns jemand einen Witz erzählt, erkennen wir in unserer Vorstellungskraft das Unerwartete oder Unpassende an dieser Geschichte, was ihre Komik ausmacht und uns zum Lachen bringt. Beim Bericht vom letzten Urlaub beschränken wir uns nicht auf die Aufzählung der Mahlzeiten und Unternehmungen, sondern versuchen, die dazu gehörigen Gefühle in unserer Vorstellung neu zu wekken, nachzuerleben und dem Zuhörer zu vermitteln. Beim Betrachten eines Films gelingt es uns meist mühelos, in unserer Vorstellung die erzählte Geschichte aus all den Einzelbildern und -sequenzen neu zu konstruieren.

Kinder beginnen, wenn sie aus den sensomotorischen Lebensweisen heraus wachsen, mit »als ob«-Spielen: Dann ist der Klotz ein Krankenwagen, das Aststück ein verletzter Mensch, den man ins Krankenhaus fahren muss. Der Sand im Förmchen ist ein Kuchen, und wenn die Mama ihn nicht »isst«, ist das Kind beleidigt. Es kann sich auch in ein anderes Kind hinein versetzen, dem jemand weh getan hat, und kann so lernen, dass man anderen keine Schmerzen zufügen sollte. Oder später, wenn das Kind die Puppe »füttert«, hört die Mutter im Kinderzimmer auf einmal sich selbst, weil das Kind in ihre Rolle geschlüpft ist[29]. Das Kind ist damit nicht mehr an das unmittelbar

---

28 In der nicht behinderten Entwicklung im Vordergrund: Ab ca. dem achtzehnten Monat.
29 Entspricht in etwa Piagets »sechstem Stadium« der »Erfindung neuer Mittel durch geistige Kombination« (Piaget 1975, S. 333 ff); Haisch spricht vom »mitteilungs- und erfahrungsgeleiteten Handeln« (Haisch 1988, S. 56 ff), Affolter und Prekop von der »Symbolstufe« (Prekop 1990, S. 63).

zu Spürende, an das Hier und Jetzt gebunden – ihm gelingt der Schritt in die Welt der Vorstellungen. Es kann die sensomotorischen Lebensweisen verlassen und die nächsten Themen der kognitiven Entwicklung bis hin zur Ausbildung einer abstrakten Intelligenz im Jugendalter angehen.

Wenn Menschen der Schritt aus den sensomotorischen Lebensweisen nicht (mehr) gelingt, wie es meist bei den Personen der Fall ist, von denen hier die Rede ist, sind sie kaum zur Einfühlung in andere in der Lage, da sie deren Gefühle ja nicht unmittelbar spüren können. Sie schauen sich zum Beispiel im Fernsehen gern Tier- oder Musikfilme an, bei denen man sieht, was tatsächlich geschieht. Vielleicht begeistern sie sich an dramatischen Effekten in Action-Filmen, verstehen dabei aber nicht die Handlung. In der Schule haben sie vielleicht »Schreiben« und »Lesen« gelernt, sind aber kaum über das Nachzeichnen der Buchstaben und Worte oder das Erkennen von Wortbildern hinaus gekommen und können nicht wirklich Sinn-entnehmend lesen. Wenn man sie nach dem letzten Urlaub fragt, zählen sie vielleicht die äußeren Begebenheiten auf, können aber nicht den emotionalen Gehalt neu ins Erleben rufen. Witze mit Hintersinn verstehen sie kaum, mit polemischen oder zynischen Bemerkungen löst man eher Irritation aus, vielleicht auch ein diffuses Gefühl, abgelehnt zu werden. Dies kann auch der Fall sein, wenn sich eine Bezugsperson von ihrem Verhalten persönlich angegriffen fühlt und beleidigt oder aggressiv reagiert, obwohl die beeinträchtigte Person sich dies gar nicht absichtsvoll vorstellen konnte (zum Beispiel bei »Machtkämpfen« oder »provozierendem Verhalten«, das meist eher im Rahmen des Erlebens eigener Wirksamkeit zu verstehen ist – ein wichtiger Aspekt in Beratungssituationen).

So wird auch eine heilpädagogische bzw. therapeutische Berufsperson darauf achten, wie weit eine Person wirklich in der Lage ist, sich einer inneren Vorstellungswelt zu bedienen bzw. sich in die Vorstellungen eines andern hinein zu versetzen. Abstrakte Anweisungen, metaphorische Äußerungen oder Anspielungen, unspezifische Aufforderungen (zum Beispiel: »Jetzt streng dich mal mehr an!« – Was soll man da konkret tun?) oder emotionale Appelle können ins Leere laufen bzw. mehr verunsichern als helfen. Die Vorstellungskraft ist nur begrenzt in der Lage, Inhalte zu vergegenwärtigen, die nicht direkt in der gegenwärtigen Situation am eigenen Körper konkret wahrnehmbar sind. Es braucht hier viel Sensibilität, um zu spüren, wie das eigene Verhalten, die eigenen Mitteilungen vom Gegenüber aufgenommen und verarbeitet werden.

3.8 Störungen und ihre Folgen

Erfahrung: Auf einem Schaukelbrett oder einer anderen instabilen Unterlage bauen Sie mit der Gruppe aus Bauklötzen ein Gebäude. Nach einiger Zeit stößt einer das Schaukelbrett ein wenig an. Dann bauen Sie weiter.

Die Weisen sensomotorischen Lebens lassen sich betrachten als Fundament, auf dem sich das Gebäude unserer Lebensgestaltung, unseres Denkens und Handelns erhebt, beim einen höher, beim andern weniger hoch. Beachten Sie dabei, was in der obigen Darstellung nur am Rande erwähnt ist: Untrennbar von der Entwicklung dieser Lebensweisen entfaltet sich auch die *Persönlichkeit* dieses Menschen, sein psychisches und soziales Leben. Dieses Fundament bleibt Ihre und meine tragende Grundlage, auch wenn Sie sich inzwischen meist in höheren Etagen aufhalten, und hin und wieder macht es auch Ihnen Freude, oder haben Sie es nötig, in den Keller zurückzukehren, vor allem dann, wenn das Gebäude ins Wanken gerät, Ihr Leben durch äußere Ereignisse, Unfall, Krankheit oder Alter aus dem Gleichgewicht kommt.

Spätestens dann zeigt sich, ob im Fundament Risse verborgen sind, die zuvor nicht auffielen, weil sie von einer schönen Fassade überdeckt wurden. Dann besteht Gefahr, dass die höher entwickelten Lebensweisen versagen, das Gebäude einstürzt bis dahin, wo die Lücken geblieben sind. Aber auch, wenn die Person bislang ihr Leben autonom und kompetent gestaltet hat, kann durch Krankheit, Unfall oder altersbedingte Veränderungen das Gebäude der eigenen Kompetenz zum Einsturz kommen, und es bleiben die Lebensweisen, die schon ganz zu Beginn unser Leben geprägt haben: »Sich in seinem Körper erleben« – »Überleben« – »Vertrauen - Einheit«.

Erfahrung: Versuchen Sie, in etwa zu beschreiben, welcher Weise sensomotorischen Lebens die »typischen« Verhaltensweisen eines konkreten Menschen mit schwersten Beeinträchtigungen zuzuordnen sind. Begründen Sie Ihre Einschätzung mit Beobachtungen aus dem Alltag (keine Test-Situation).
Tauschen Sie sich darüber in der Gruppe aus.
Erfahrung: Haben Sie schon einmal erlebt, wie bei einem Menschen (behindert oder nicht behindert, z.B. in Alter oder Krankheit) das »Gebäude« seiner Lebensweisen zusammenbrach? Tauschen Sie sich über solche Erfahrungen aus.

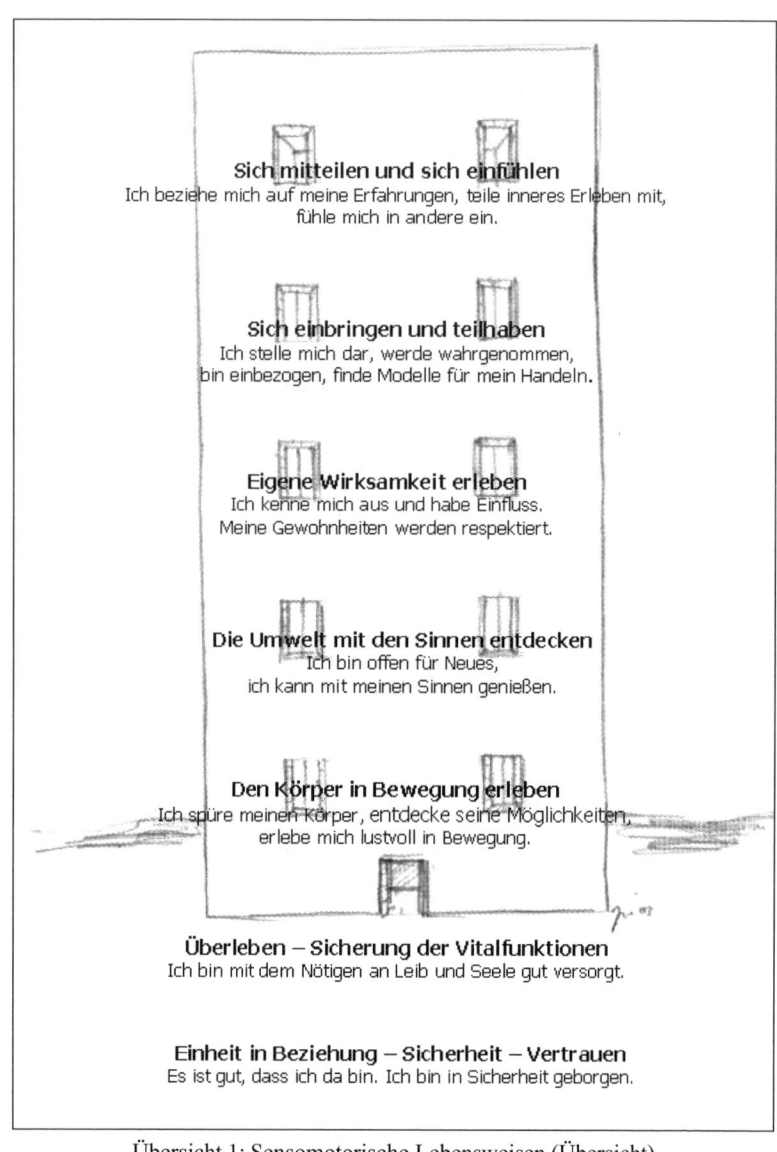

Sich mitteilen und sich einfühlen
Ich beziehe mich auf meine Erfahrungen, teile inneres Erleben mit,
fühle mich in andere ein.

Sich einbringen und teilhaben
Ich stelle mich dar, werde wahrgenommen,
bin einbezogen, finde Modelle für mein Handeln.

Eigene Wirksamkeit erleben
Ich kenne mich aus und habe Einfluss.
Meine Gewohnheiten werden respektiert.

Die Umwelt mit den Sinnen entdecken
Ich bin offen für Neues,
ich kann mit meinen Sinnen genießen.

Den Körper in Bewegung erleben
Ich spüre meinen Körper, entdecke seine Möglichkeiten,
erlebe mich lustvoll in Bewegung.

Überleben – Sicherung der Vitalfunktionen
Ich bin mit dem Nötigen an Leib und Seele gut versorgt.

Einheit in Beziehung – Sicherheit – Vertrauen
Es ist gut, dass ich da bin. Ich bin in Sicherheit geborgen.

Übersicht 1: Sensomotorische Lebensweisen (Übersicht)

4 Primäre Kommunikation[30]

Wenn Sie die Entwicklung sensomotorischer Lebensweisen betrachten, wie es im vorigen Abschnitt geschehen ist, bleibt Folgendes in Erinnerung zu rufen: Ihre Energie liefert das dialogische Prinzip von Assimilation und Akkommodation; überdies ist sie ist ein *ganzheitlicher Prozess,* der nicht nur den ganzen Menschen in allen seinen Einzelaspekten, mit »Leib und Seele« betrifft, sondern auch nicht zu lösen ist aus dem Umfeld, in dem er stattfindet. Das ist in der nicht behinderten Entwicklung im guten Fall die Geborgenheit der ersten Beziehungen: Die Umwelt des Kindes ist – zunächst ganz wörtlich – seine Mutter, dann seine nächste Familie. All die beschriebenen Lernprozesse, das ständig neue Einpendeln des Gleichgewichts zwischen Einflussnahme und Anpassung finden in der Regel hier statt, im fortlaufenden Austausch zwischen dem kleinen Kind und den Menschen um es herum: In *Kommunikation.*

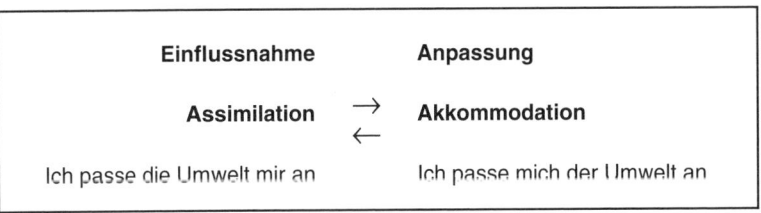

Übersicht 2: Dialogische Grundstruktur unserer Auseinandersetzung mit der Welt

Erfahrung. Stellen Sie sich ihrer/m Partner/in gegenüber, ohne zu sprechen, ca. ½ m Abstand. Achten Sie auf guten Stand. Legen Sie Ihre rechte Hand gegen die linke Handfläche des andern. Schließen Sie die Augen. Ihre Hände beginnen

---

30 Siehe MALL (1985); der Begriff »primär« soll kennzeichnen, dass diese Erfahrung am Anfang von Entwicklung steht. Es soll keine Sonderform von Kommunikation beschrieben werden, sondern sozusagen der Keim, aus dem sich jede Kommunikation entfaltet, das Kernelement positiver Kommunikation, wie es vom Anfang der ersten Beziehung an das Miteinander zwischen Menschen prägt. – Siehe in diesem Zusammenhang die sehr spannende Darstellung von NIND/HEWETT (1994).

sich zu bewegen, ohne dass der Kontakt abbricht. Lassen Sie die Bewegungen hin- und hergehen, sich entfalten, größer, weiter, runder werden.

Nehmen Sie nun auch die zweite Hand dazu.

Beginnen Sie, sich gegenseitig durch den Raum zu führen, vielleicht begleitet von einer Musik.

Nach dem Ende der Musik kommen Sie zur Ruhe, verabschieden sich von ihrer/m Partner/in, bleiben noch mit geschlossenen Augen für sich, um nachzuspüren.

Achten Sie darauf, wie Sie sich bewegt haben, wie Sie sich dabei fühlten, was Sie vom andern wahrnahmen. Was »sagte« sie/er Ihnen über sich, über Ihre Beziehung zueinander?

Tauschen Sie sich zunächst mit Ihrer/m Partner/in, dann in der Gruppe über die Erfahrung aus:

- Was haben Sie erlebt? Wie war es?
- Was hat Ihnen der andere mitgeteilt über sich, über seine Beziehung zu Ihnen?

4.1 Der Kreislauf der Kommunikation

Kommunikation soll hier in einem sehr breiten Sinn verstanden werden, nämlich als jede *wechselseitige Anpassung* an einen andern und *Einflussnahme* auf ihn[31]. In dieser Sicht wird die Unmöglichkeit klar, nicht zu kommunizieren, denn auch scheinbares Nichtstun vermag sehr wohl andere zu beeinflussen bzw. kann eine Form der Anpassung an andere sein[32]. In der Tat kann sich kein Mensch mit einem anderen in einem gemeinsamen Erfahrungsraum befinden, ohne von ihm beeinflusst zu werden, und ohne Einfluss auf ihn auszuüben. Kurzschlüssig wäre allerdings anzunehmen, ich würde immer auch gleich verstehen, was der andere mit seinem Verhalten ausdrückt. Wenn um es wirkliche Kommunikation geht, *darf ich es gar nicht wissen*, bevor ich nicht meinem Partner die Chance gegeben habe, es mir zu bestätigen[33].

---

31 Siehe RÖDLER (1984).
32 Siehe WATZLAWICK, BEAVIN, JACKSON (1996); deren sämtliche Axiome zur Kommunikation lassen sich auch auf die Kommunikation mit schwer geistig behinderten Menschen anwenden. Dies beschreibt eindrucksvoll GROSSMANN (1987).
33 Das ist nach meinem Verständnis das Anliegen von KLAUß (2002).

Abb. 1: Die Hand sagt »Hallo, du!«

Damit ist auch jede Tätigkeit z.B. des pflegerischen Alltags als Kommunikation zu sehen: Mein Anreichen des vollen Löffels teilt dem andern mit: »Komm, hier ist der nächste Löffel. Bitte öffne den Mund.« Oder auch: »Jetzt mach endlich den Mund auf!« Und seine Reaktion, ob bereitwilliges Öffnen des Mundes oder Wegdrehen des Kopfes mit zusammen gekniffenen Lippen, zeigt mir, wie der andere zu meiner Mitteilung steht. – Eine pragmatische Unterscheidung will ich jedoch treffen zwischen *negativer* Kommunikation, die Beziehung verhindert oder abbricht, und *positiver* Kommunikation, die Beziehung schafft und Verständigung ermöglicht.

Wollen Sie also einem Menschen helfen zu lernen, wird dies um so besser gelingen, wenn Sie mit ihm in einen angepassten dialogischen Austausch treten, in positive Kommunikation. Ohne diese gemeinsame

Abb. 2: Die Hand ist bereit, der Blick bleibt abgewandt.

Basis werden Ihre Bemühungen zu behandeln, zu fördern oder zu lehren Ihren Partner nicht wirklich erreichen, wird er Ihre Angebote nicht in seine Erlebniswelt integrieren können. Entweder Ihr Bemühen geht an ihm vorbei, oder es erschöpft sich letztlich in Dressur. Andererseits gewinnen Sie mit dieser kommunikativen Basis einen Bezugsrahmen, aus dem heraus Sie sich vergewissern können, ob Ihre Angebote den andern auch wirklich erreichen.

Also will ich Menschen hier als zutiefst kommunikative Wesen sehen, die, um sich zu entwickeln und ihre Fähigkeiten entfalten zu können, angewiesen sind auf den ständigen Austausch mit andern, auf positive Kommunikation. Zwischen lebendigen Menschen ist dies ein lebendiger Prozess, in seiner Vielgestaltigkeit nur unvollkommen erfassbar. Intuition ist im Spiel, Gefühl, Stimmung, es geht um Verständnis und Beziehung.

Ein Beispiel, wie die Dynamik primärer Kommunikation in der Begegnung mit einem Menschen mit schwersten Beeinträchtigungen neu entfacht werden kann:

Ich komme morgens in den Gruppenraum/die Klasse an meiner Arbeitsstelle. Da ist Anna (siehe 2.2), die ich bisher noch nicht kenne. Mir ist klar, dass ich mit ihr zu tun bekommen werde, und ich will das auch auf möglichst fruchtbare Art gestalten. Ich betrete den Raum, Anna sitzt

42

Abb. 3: Das Interesse wächst.

auf ihrem Platz in der Ecke, ihre Plüschtiere in ihren Händen, und schaukelt. Dazu brummt sie vielleicht noch. Das ist die Ausgangslage, aus der heraus ich versuchen will, zur Erfahrung primärer Kommunikation zu gelangen.

1. *Der andere tut irgend etwas.*

Unklar ist, wie weit Anna mich bemerkt hat, ob ich sie interessiere, ob ihr Schaukeln etwas mit mir zu tun hat, oder ob ich ihr gleichgültig bin. Das braucht mir zunächst auch gar nicht wichtig zu sein, solange ich den Willen habe, mit ihr in einen Austausch zu treten.

Denn der erste Schritt liegt nun bei mir: Ich beobachte Anna, lasse ihr Verhalten auf mich wirken, mich von ihr beeinflussen. Dies erzeugt in mir Eindrücke, ich beginne zu überlegen, nachzuempfinden, mich zu fragen, zu interpretieren: Was geht wohl in diesem Mädchen vor? Was löst ihr Verhalten bei mir aus, was »sagt« mir ihr Schaukeln? Was kann ich damit anfangen? Damit gewinnt Annas Verhalten eine neue Qualität: Da ich mich von ihm beeindrucken lasse, wird es für mich zu Ausdrucksverhalten.

2. Ich beziehe den andern und sein Tun auf mich, nehme sein Verhalten als Äußerung wahr.

Davon spürt Anna jedoch zunächst noch nichts. Ich muss etwas tun. damit sie erlebt, dass ich mich auf sie beziehen will. Also suche ich ein Verhalten, von dem ich hoffe, dass Anna es als zu ihrem Tun passend, als Antwort erlebt.

3. Ich antworte mit einem passenden Tun.

Was das im einzelnen ist, kann ganz verschieden sein. Kriterium ist meine Hoffnung, dass Anna es in einem möglichst angenehmen Sinn als zu sich passend erlebt. Vielleicht versuche ich, ihre Laute nachzuahmen, oder ich summe eine kleine Melodie im Rhythmus ihres Schaukelns oder rufe in diesem Rhythmus ihren Namen. Ich kann klatschen oder andere Geräusche erzeugen und passe sie in diesen Rhythmus ein. Oder ich gehe zu ihr hin, hocke mich neben oder vor sie und ahme ihr Schaukeln nach. Und so weiter.

Gelingt es mir, eine passende Antwort zu finden, ist eine erste Brücke zu Anna geschlagen. Ich habe sie ein erstes Mal erreicht.

4. Der andere nimmt mein Tun als auf ihn bezogene Antwort wahr.

Allerdings bemerke ich dies wieder nicht direkt, sondern muss es aus dem schließen, was Anna im Gegenzug tut. Denn nun kann die zweite Runde eines Kreislaufs wechselseitiger Beeinflussung beginnen, als den ich primäre Kommunikation beschrieben habe.

5. Der andere zeigt in seinem Tun, dass und wie meine Antwort ihn erreicht hat, und beantwortet so meine Äußerung.

Auch hier gibt es verschiedene Möglichkeiten, und ich kann nicht vorhersagen, was geschieht: Anna hört vielleicht auf zu schaukeln, oder sie verändert den Rhythmus. Sie dreht sich zu mir um, lächelt mir zu, oder sie schlägt mich. Sie entfernt sich von mir oder schiebt mich weg.

Ganz gleich, wie im einzelnen die Antwort ausfällt, sie zeigt mir damit, dass ich sie erreicht, in Kontakt zu ihr getreten bin. Es ist etwas passiert zwischen uns, wir haben miteinander etwas erlebt: Primäre Kommunikation. – Ich kann nun meinerseits wieder auf ihr Tun reagieren; wenn sie mit Lust und Interesse reagiert, werde ich weiter machen, mit unserem Verhalten spielen; wenn ich ihre Antwort eher als negativ gefärbt erlebe, setze ich meinen Versuch vielleicht nicht gleich fort, dann aber eventuell am nächsten Tag – ja, selbst wenn ich sie als Folge ihrer abweisenden Reaktion erst einmal in Ruhe lasse, zeige ich ihr wiederum mein Verständnis, kann sie dies als passende Antwort auf ihre Äußerung erleben. Und so spinnt sich mit der Zeit ein Netz von Kontakt und Beziehung, primäre Kommunikation, mit der sich unsere Verhältnis entwickeln kann.

Erfahrung: Ihr/e Partner/in zeigt irgendein Verhalten, vielleicht ein »typisches« Verhalten einer Person mit schwerer geistigen Behinderung. Sie versuchen, im oben beschriebenen Sinn darauf mit einem »passenden« Verhalten zu antworten. Dann tauschen Sie die Rollen, ruhig mehrfach.
Besprechen Sie die Erfahrung untereinander und in der Gruppe.

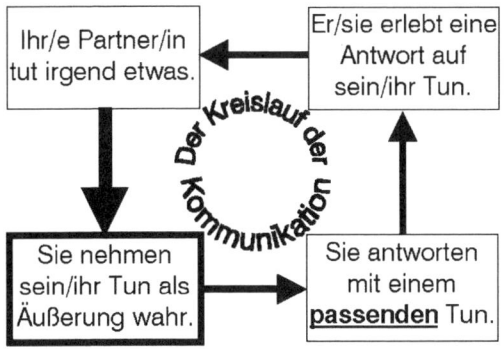

Übersicht 3: Der Kreislauf der Kommunikation: Der erste Schritt liegt bei Ihnen!

Zu negativer Kommunikation wird es vor allem dann kommen, wenn ich mich nicht möglichst vorurteilslos auf den anderen und sein Verhalten einlasse, sondern es sogleich nach Kriterien bewerte, die nicht vom Partner her gewonnen sind, sondern die ich mitgebracht habe, womit ich seinen Sinn und seine Berechtigung in Frage stelle. Zum Beispiel:

• Anna schaukelt.
• Ich bringe die Vorstellung mit, dass dies kein sinnvolles Verhalten ist, sondern unnütz und störend.
• Ich gehe zu ihr und vermittle ihr: »Hör auf zu schaukeln!« Damit teile ich ihr zugleich mit: »Es ist nicht in Ordnung, wie du bist. Bevor ich mich auf dich einlasse, musst du dich ändern.«

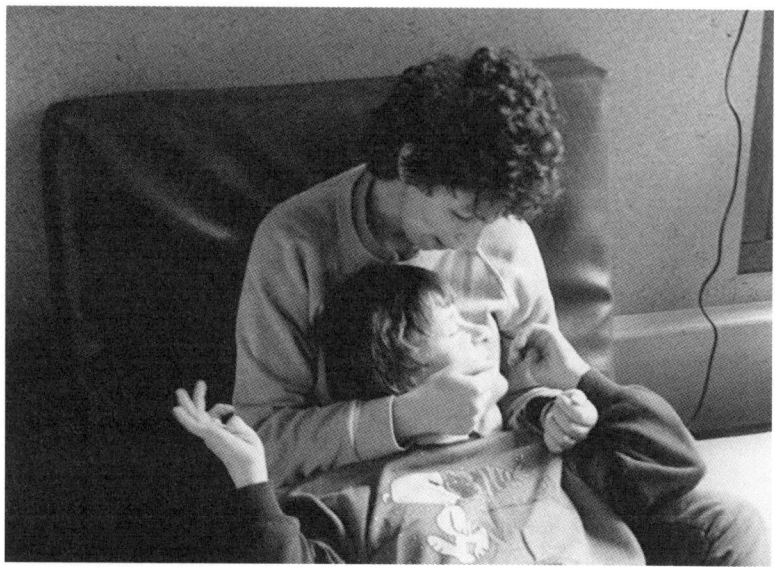

Abb. 4: Primäre Kommunikation

- Anna nimmt vermutlich genau wahr, dass ich sie infrage stelle, sie nicht annehme, wie sie ist.
- Sie wird ihrerseits eher mit Ablehnung reagieren, mit Abwehr oder Resignation. Oder vielleicht lässt sie sich von mir zu meinen Vorstellungen drängen, wird aber bei der ersten Gelegenheit aussteigen, zu ihrem Schaukeln zurück kehren, keine Neugier für mich entwickeln.

Erfahrung: Kennen Sie solche Szenen aus Ihrer Erfahrung, von sich oder anderen? Wie geht es Ihnen, wenn Sie das Gefühl bekommen, jemand will Sie nicht verstehen, sondern ordnet Sie in ein Schema ein, das er schon mitgebracht hat?
Tauschen Sie sich in der Gruppe darüber aus.

4.2 Entwicklung

Der Kreisprozess wechselseitiger Beeinflussung beginnt bereits in vorgeburtlicher Zeit und geht schon hier weit über bloß stoffliche Austauschprozesse hinaus (siehe 3.1). Ja, selbst in diese fließt bereits viel

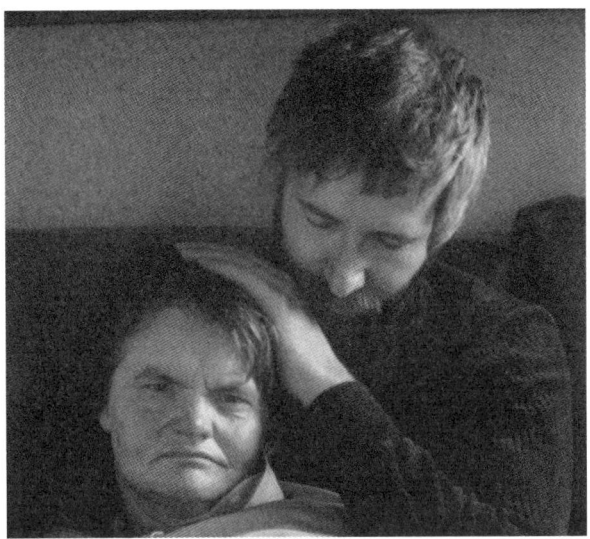

Abb. 5: Langsam die Angst ablegen

von dem ein, was wir gewohnheitsmäßig mehr dem psychischen Bereich zuordnen (z. B. hormonelle Veränderungen). Es gibt darüber aus der vorgeburtlichen Psychologie eindrucksvolle Erkenntnisse[34]. Auch eine Reihe psychotherapeutischer Wege sieht psychische Probleme Erwachsener oft in vorgeburtlichen Erfahrungen begründet.

Nach der Geburt vollzieht sich Entwicklung weiter in ganzheitlicher Weise und lässt sich nur künstlich in körperlich-motorische, emotional-soziale und kognitive Aspekte zerlegen. Zentrale Stelle nimmt die Erfahrung ein, nur allmählich und abgestimmt auf die eigenen wachsenden Möglichkeiten die allumfassende Geborgenheit der Mutter-Kind-Zweieinheit verlassen zu brauchen[35]. Und diese erste Beziehung ist eben durch *auf das feinste aufeinander abgestimmte, wechselseitige Beeinflussung* gekennzeichnet: Kommunikation.

Auch hierzu ein *Beispiel:* Das Leben der meisten Kinder beginnt mit einem Schrei. Das Kind verlässt den Mutterleib, holt zum ersten Mal Luft und schreit. Die Mutter wird nun in der Regel nicht lange überlegen, warum das Kind schreit, und was es damit meinen könnte, sondern wird

34 Siehe FLANAGAN (1963), GROSS (1982), HAN/SCHINDLER (1982).
35 Siehe LIEDLOFF (1982), STERN (1979; sehr illustrativ).

Abb. 6: Der Rückzug bleibt bestehen.

sein Verhalten ganz intuitiv und selbstverständlich auf sich beziehen:
»Mein Kind braucht mich.« Sie nimmt den Schrei als Äußerung wahr,
die ihr etwas bedeutet, lässt sich von ihm beeinflussen[36].

Also tut sie das, was sie als passende Antwort annimmt: Sie nimmt
das Kind an ihren Leib, lässt es ihre Wärme spüren, streichelt es, spricht
zu ihm, stillt es. Und das Kind? In aller Regel beruhigt es sich, entspannt
Mimik und Körper, wird wach, blickt ruhig umher, oder schläft ein
wenig, sagt damit: »Oh, wie schön, da ist ja jemand für mich!« So beginnt
für beide Seiten das neue Leben miteinander mit einem Erfolgserlebnis:
Das Kind hat ganzheitlich mit seinem Leib erfahren: »Es lohnt sich, sich
zu äußern.« Und die Mutter hat erlebt: »Ich kann mein Kind stillen.« Der
erste Kreislauf primärer Kommunikation ist erfolgreich abgeschlossen,
und in einem gelingenden Leben wird sich dies fortsetzen, um vielleicht
mit dem Tod zur Vollendung zu führen.

Je besser diese frühe Lebensphase auf die individuellen Bedürfnisse
des Kindes abgestimmt verläuft – was nur im Zusammenhang mit der
psycho-sozialen Situation von Mutter und Familie gesehen werden kann
– um so verlässlicher wird sich ein *Ur-Vertrauen* ausbilden, die es dem

36 Siehe PAPOUSEK (1983) S. 183 f.

Kind ermöglicht, künftig auf neue Erfahrungen zuzugehen, ohne sogleich von Angst überwältigt zu werden. Andererseits wird das Misslingen der frühen Kommunikationserfahrungen die gesamte emotionale, soziale, körperliche und kognitive Entwicklung beeinträchtigen[37], ja vielleicht sogar zu einem Grundgefühl der *Ur-Angst* führen, die sein gesamtes Verhältnis zur Welt zutiefst prägt.

Derartige Brüche, negative Erlebnisse, tiefe Enttäuschungen lassen sich in der Lebensgeschichte vieler Menschen mit geistiger Behinderung oder solcher mit schwerer mehrfacher Behinderung ohne Mühe feststellen, meist ohne dass hierfür irgend jemand eine Schuld zugeteilt werden könnte[38].

Erfahrung: Sammeln Sie in der Lebensgeschichte von Anna (siehe 2.2) die Situationen, in denen Kommunikation scheiterte oder erst gar nicht in Gang kommen konnte.

Diese Erkenntnis hilft vielleicht nachzuvollziehen, warum viele dieser Menschen sich hinter einer Mauer aus *Angst, Misstrauen, Verweigerung und Widerstand* zu verbergen scheinen. Aus dem zunächst sozialen Zusammenhang heraus neigt diese Grundhaltung dazu, sich auf das gesamte Verhältnis des Menschen zu seiner Umwelt auszudehnen. Damit wird Lernen in jedem Sinn zusätzlich zur organischen Behinderung erschwert bis verunmöglicht, Entwicklung im wörtlichen Sinn behindert, bis oft dieser »autistische« Rückzug zu einem Wesensfaktor seiner Persönlichkeit wird[39]. Ja selbst die organische Entwicklung der neurologischen Strukturen wird sich, von diesen Einflüssen geprägt, von der eines unbehindert aufwachsenden Kindes unterscheiden[40].

Aber auch für Menschen auf Intensivstation, in Wachkoma oder Demenz gilt Entsprechendes: Heraus gerissen zu sein aus den gewohnten Zusammenhängen, die Welt nicht mehr verstehen zu können, nicht zu wissen, was um einen herum vorgeht und »was das alles soll«, führt zu einem Zustand der Verunsicherung, des Rückzugs, aber auch der Aggression, der die verbliebenen Möglichkeiten blockiert, die Genesung verzögert, das Erlernen von Neuem stört[41].

---

37 Siehe ERIKSON (1966), SCHMALOHR (1975).
38 Siehe FRÖHLICH (1982) NIEDECKEN (1998), VAN VUGT, Besems (2001).
39 Siehe TINBERGEN (1984).
40 Siehe eindrucksvoll BAUER (2002).
41 Siehe BIENSTEIN, FRÖHLICH (1991), NYDAHL, BARTOSZEK (2000).

Abb. 7: »Ich möchte dich gern kennen lernen.«

4.3 Beschreibung

4.3.1 Der erste Schritt liegt bei *Ihnen*

Bei einem Neugeborenen oder einem Menschen mit schwerster Beeinträchtigung hat es wenig Sinn zu warten, bis sich diese Person selbst aktiv an ihr Gegenüber wendet. Der Mutter bzw. Ihnen als Bezugsperson kommt in der Regel die Rolle zu, den erwünschten Kreisprozess der primären Kommunikation (wieder neu) anzustoßen und, wenn nötig, immer wieder in Schwung zu bringen. *Der erste Schritt liegt bei Ihnen!* Dies lässt sich zunächst als Aufgabe wahrnehmen, die Ihnen die Verantwortung gibt für die Entwicklung von Kommunikation und Beziehung zu diesem Menschen. Es eröffnet aber auch den Blick auf eine große Chance:

Sie müssen nicht nur, Sie *können* auch etwas tun, da jeder lebendige Mensch etwas »von sich gibt«, auf das Sie sich direkt und spürbar beziehen können, und sei es »nur« sein Atemrhythmus. Es gibt diese

50

Möglichkeit, und Sie können sie nutzen, wenn Sie sich dazu entscheiden. Das sagt nichts gegen das Ziel der Wechselseitigkeit, das nach wie vor gilt, wenn von Kommunikation die Rede sein soll. Dem ersten Schritt folgt die Antwort des anderen, wenn er sich wirklich erreicht fühlt. Wie das jedoch aussehen wird, lässt sich nicht vorhersagen und kann manchmal sehr überraschend sein.

4.3.2 Ihr Tun muss zum Tun des andern *passen*

Sei es, dass Sie ein gezeigtes Bedürfnis befriedigen, das Tun des andern nachahmen und ihm zurückspiegeln, mit seinem Verhalten »spielen«, es aufgreifen, variieren, entgegnen – Ihr Tun bezieht sich sinnlich erlebbar auf das Tun des andern. Einziges Kriterium zu beurteilen, ob Ihre Antwort passend ist, ist seine Reaktion, so unklar sie oft ausfallen mag[42].

Damit sei klargestellt: *Es gibt nicht die richtige Antwort* auf das Tun des andern. Es gibt nur möglicherweise passende Antworten in *Ihrer* Beziehung zu *diesem* Menschen in *dieser* bestimmten Situation. Dabei lässt sich aus Erfahrung schöpfen, der Austausch mit andern suchen, die diese Person auch kennen, lassen sich Theorien und Konzepte zu Rate ziehen. Ob es jedoch »stimmt«, wird immer erst erfahrbar, wenn Sie es versuchen und die Antwort des andern erleben – ob Ihre Antwort wirklich passt, sagt Ihnen letztlich nur die Reaktion Ihres Gegenübers. Das muss auch so sein, denn wenn Sie die Antwort schon vorher wüssten, hätten Sie den wechselseitigen Prozess primärer Kommunikation bereits wieder verlassen, bräuchten Ihren Partner gar nicht erst zu Wort kommen lassen.

Das ist nicht immer leicht auszuhalten, oft ausgesprochen schwierig und mit vielerlei Unsicherheit behaftet. Wie auch in anderen Beziehungen können sich Fehlhaltungen einschleichen, ungute Muster einspielen und zur Gewohnheit werden. Vermeiden lässt sich dies nur durch Wachsamkeit, die die Erstarrung der Kommunikation in stereotypen Formen rechtzeitig erkennt, spielerisch verschiedene Möglichkeiten des wechselseitigen Austausches erprobt, sich Rückmeldung und Kritik bei andern holt und vor allem *nie endgültig meint, den richtigen Weg gefunden zu haben.*

---

42 Siehe RÖDLER (1984).

Abb. 8: Hände sprechen

4.3.3 Kommunikation braucht *Ausdrucksmittel.*

Erfahrung: Was am Körper des anderen oder an seinem Verhalten kann Ihnen
Hinweise gehen darauf, wie es ihm geht, wie er zu Ihnen steht, was seine
Bedürfnisse sind?
Was an Ihrem Körper oder Ihrem Verhalten gibt dem anderen Hinweise darauf,
wie es Ihnen geht, wie Sie zu ihm stehen, was Ihre Bedürfnisse sind?
Sammeln Sie alle Möglichkeiten, die Ihnen einfallen.

Entsprechend ihrer ganzheitlichen Art lassen sich zum Aufbau primärer
Kommunikation *alle Möglichkeiten körperlichen Verhaltens* nutzen.
Unvollständig aufgezählt können das sein: Gestik (d.h. Ausdrucksbewegungen der Hände und Arme), Mimik (d.h. Ausdrucksbewegungen der
Gesichtsmuskulatur), Augen, Stimme (Art der Laute, Häufigkeit, Lautstärke, Tonhöhe), Blickkontakt (Häufigkeit, Dauer, Art), Weinen, Körperhaltung, Bewegung (Art, Tempo, Abstimmung auf den anderen),
Entfernung zum anderen, der eingenommene Ort im Raum, Berührung
(aktiv/passiv, Häufigkeit, Druck, Abstimmung auf den anderen), Gewohnheiten und stereotypes Verhalten, Art des Umgangs mit Dingen,
mit anderen Menschen, mit dem eigenen Körper, mit Geräuschen und
Musik, mit Farben, Umgang mit Schmerz, Ess- und Trinkverhalten,

Verdauungs- und Ausscheidungsverhalten, Schlafverhalten, Muskelspannung, Hauttemperatur, -farbe, -feuchtigkeit, Geruch, Pulsschlag, Blutdruck, Atemrhythmus, das Auftreten epileptischer Anfälle, psychosomatische Symptome jeder Art (ihre Bezeichnung als solche sagt es schon) – und vieles Weitere mehr[43], wie auch ganz individuelle Verhaltensweisen, die jedem von uns zu Eigen sind – es gibt wirklich keinen lebendigen Menschen, der sich nicht äußert, von dem nichts kommt, das sich von außen wahrnehmen ließe und einen Eindruck vermitteln könnte, wie es um diesen Menschen steht.

Auch in unserer »normalen« Kommunikation spielen all diese Ausdrucksmittel ihre wichtige Rolle, unabhängig, wie weit wir uns dessen bewusst sind. Wie verhängnisvoll unsere Überbetonung der verbalsprachlichen Kommunikationsanteile sein kann, wird in der *double bind-(Doppelbindungs-) Situation* deutlich, wenn mir jemand durch seinen ganzheitlichen Ausdruck, sein Verhalten, seine Körpersprache das Gegenteil von dem mitteilt, was seine sprachlichen Botschaften sagen. Das gleiche geschieht im Umgang mit Menschen mit schwerster Beeinträchtigung, wenn ich z.B. sprachlich beteuere, wie lieb und nett ich den anderen finde, meine Körperhaltung und Art zu berühren aber deutliche Distanzierung ausdrückt. Der andere wird dann – im Gegensatz zu uns »nicht Behinderten« – in der Regel die nichtsprachliche Botschaft fürwahr-nehmen und mir entsprechend antworten. Das wird mich vielleicht vor den Kopf stoßen, wenn ich selbst mir meiner Körpersprache gar nicht bewusst bin.

So können Sie einüben, sowohl auf all die vielfältigen Ausdrucksmöglichkeiten des Partners mit schwerster Beeinträchtigung zu achten und sie erkennen zu lernen, als auch selbst bewusster mit dem eigenen ganzkörperlichen Ausdrucksverhalten umzugehen. Dies wird sicher auch für die Kommunikation mit nicht behinderten Partnern bereichernde Konsequenzen haben.

Erfahrung: Betrachten Sie die Video-Aufnahme einer Alltagsszene mit Menschen mit schwerster Beeinträchtigung (evtl. auch eine problematische Situation). Wählen Sie dann einen besonders prägnanten Abschnitt, in dem etwas zwischen den Personen passiert, sie sich gegenseitig beeinflussen.
Untersuchen Sie dann die Fragen:
Wer teilt was mit? – Wie tut er dies (d. h. woran kann ich es erkennen)?
Formulieren Sie möglichst konkrete Aussagen.

---

43 Vgl. PAPOUSEK (1983) S. 184.

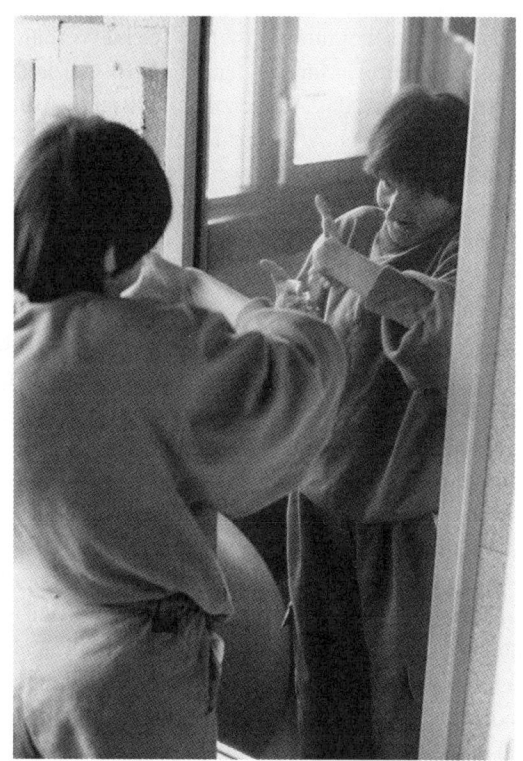

Abb. 9: Sich selbst spiegeln

Betrachten Sie den Ausschnitt dann nochmals, und überprüfen Sie Ihre Ergebnisse. Tauschen Sie sie mit den anderen aus.

4.3.4 Rituale

Wichtige Elemente zur Gestaltung primärer Kommunikation sind *Rituale:* Immer wiederkehrende Begegnungsanlässe (z. B. Begrüßung/Abschied, Mahlzeiten, Pflegehandlungen, Zu-Bett-Bringen/Wecken) werden stets in ähnlichem Ablauf gestaltet. Es ergibt sich eine Gestalt aus Worten und Handlungen, die der andere wiedererkennt, auf die er sich einstellen kann. Vertrautes schafft Vertrauen, und so kann die bewusste Gestaltung von Ritualen im Tagesablauf Sicherheit vermitteln. Bei der

Betreuung im Team schaffen Rituale eine Möglichkeit zum Ausgleich zwischen der Bewahrung der Individualität der einzelnen Betreuer und der Notwendigkeit, den behinderten Partnern ein Mindestmaß an verlässlicher Gleichförmigkeit zu bieten.

> *Erfahrung:* Wo gibt es Rituale in Ihrem eigenen Alltag? Was »haben Sie davon«? Wo gibt es Rituale in Ihrem Zusammenleben mit schwerst beeinträchtigten Partnern?
> Wo ließen sich welche entwickeln? In welcher Form?

Sie können aber auch in der Begegnung mit einem bestimmten Menschen ganz individuelle kleine Rituale entwickeln, wie Sie es sicher auch im Umgang mit kleinen Kindern oder Ihrem Lebenspartner kennen gelernt haben: Spezielle Kosenamen; eine gewisse Art, den Namen zu rufen; eine kleine Melodie zu seiner stereotypen Bewegung, zu seinem Gang; ein kleines Lied, in dem sein Name vorkommt; eine gewisse Art, ihn zu berühren, zu streicheln, zu massieren; und so weiter – der Phantasie sind keine Grenzen gesetzt. Hier entwickelt sich eine ganz persönliche »Sprache«, die nur für ihn und Sie gültig ist, und die Ihre Beziehung besonders kennzeichnet.

4.3.5 Spiegeln von Verhaltensweisen

Das *Spiegeln* von Verhaltensweisen des anderen ist eine weitere, sehr ursprüngliche Möglichkeit, sich auf einen Partner zu beziehen und ihn merken zu lassen, dass Sie Interesse an ihm haben, die wir im übrigen unbewusst auch in der Kommunikation mit nicht behinderten Partnern nutzen. Sie greifen Bewegungen, Laute, Körperhaltung, Mimik, usw. des anderen auf und ahmen sie möglichst getreu und synchron nach, vielleicht bei durch Stress geprägtem Verhalten ohne die Erregung zu übernehmen. Der andere erkennt sein eigenes Verhalten in Ihrem Tun wieder und kann sich in einem tiefen Sinn als verstanden und angenommen erleben (sofern es – was ich voraussetze – kein »Nachäffen« ist, das sich über den anderen lustig macht und von ihm auch so wahrgenommen wird).

Gerade stereotypes Verhalten, auf diese Art aufgegriffen und in die Kommunikation eingebracht, kann so für Sie und den anderen auf einmal in einem neuen Bezugsrahmen stehen. In Programmen zum Abbau von derlei Verhalten wird diese Chance häufig vertan und statt dessen dem anderen zuerst einmal mitgeteilt: »Was du tust, ist nicht in Ordnung. Du sollst nicht so sein, wie du bist.« Nutzen Sie es dagegen als Spielmaterial zur Gestaltung Ihrer Kommunikation, erhält dieses Verhalten einen neuen sozialen Aspekt, und der andere erlebt sich – mit diesem Verhalten – in eine Beziehung hineingenommen, ohne dass er sich erst einmal ändern muss.

Erfahrung: Ihre Partner/in zeigt Verhaltensweisen einer Person mit schwersten Beeinträchtigungen. Sie versuchen, ihr/sein Tun zu spiegeln.
Besprechen Sie, wie es auf den anderen gewirkt hat, ob er/sie sich »getroffen« fühlte.
Tauschen Sie die Rollen.

4.3.6 Sprache

Selbst wenn es sinnvoll sein kann, eine Begegnung ganz nicht-sprachlich zu gestalten, behält sicher auch die *Sprache* einen angemessenen Platz in primärer Kommunikation. Damit sie aber nicht verwirrt oder ablenkt, bleibt sie in ihrem Inhalt stets *im Hier und Jetzt.* Sie sprechen aus, was Sie tun, was Sie beabsichtigen, was Sie beim anderen an Tun, an Gefühlen, Bedürfnissen, Absichten erleben. Sie sprechen über Ihre Erwartungen an Ihre Begegnung, bemerken Veränderungen in der Verfassung, Aufmerksamkeit, Wachheit des anderen[44].

Verfügt Ihr Partner über aktive Sprache, achten Sie darauf, wie weit er selbst mit dem, was er spricht, im Hier und Jetzt bleibt. Besonders sensibel sind Sie dabei für Tendenzen, Sprache einzusetzen, um von der eigentlichen Begegnung abzulenken, die auf der sinnlich-körperlichen Ebene erfolgt, und Sie in von ihm kontrollierte Schemata zur Kontaktgestaltung einzubinden[45].

Das Sprechen wird lebendig sein, auch kontrastreich, wie Ihr ganzes Tun. Vor allem muss, was und wie Sie sprechen, authentisch sein, in vollem Einklang mit Ihrem Auftreten, mit den nichtsprachlichen Botschaften Ihres Verhaltens. Einfache Worte und Sätze, klare Formulierungen, auch Wiederholungen, sind Voraussetzungen, beim anderen anzukommen, möglicherweise sogar verstanden zu werden. Für Sie selbst

---

44 Siehe PAPOUSEK 1983.
45 … eine Erscheinung, die Sie gelegentlich bei Menschen mit autistischem Verhalten beobachten können.

kann die sprachliche Begleitung der Begegnung den wichtigen Sinn haben, das, was geschieht, selbst bewusster und klarer zu erleben, auch zu vermeiden, dass Sie schwierige Aspekte der Begegnung verdrängen und nicht wahrhaben.

5 Ich und mein Körper

Ganzheitliche Kommunikation, die alle Ausdrucksmöglichkeiten des Körpers einbezieht, setzt voraus, in einem guten, bewussten *Kontakt zum eigenen Körper* zu sein: Zu oft gebrauchen wir ihn so, als ob er irgendein Werkzeug für unsere Zwecke sei, anstatt wahr-zu-nehmen, dass wir unsere Körper *sind*, und jede Trennung zwischen Körper und Seele, Soma und Psyche nur in unserer Vorstellung existiert[46].

Als Hilfe, um in besseren Kontakt zu Ihrem Körper zu kommen, können Sie folgende Erfahrung sehen, in der ich Sie auf einen *»Spaziergang« durch Ihren Körper* begleiten will. Sie können die Erfahrung in der Gruppe, aber auch mal in der Mittagspause oder am Abend machen, oder – vor allem nach einigen Wiederholungen – auch zwischendurch im Alltag erinnern. Am Anfang, oder wenn Sie die Erfahrung in der Gruppe machen, ist es günstig, jemand spricht die Anleitung vor. Für diesen ist wichtig, genau zu beobachten, wie die einzelnen mitgehen, um weder zu rasch noch zu langsam zu sein (Gesamtdauer: etwa 20–30 Min.)[47].

Erfahrung: »Spaziergang durch den Körper«
(Einige Hinweise für den, der die Anleitung für die Gruppe spricht: Lesen Sie zuvor die Anleitung ein paar Mal durch. Spüren Sie die angeführten Hinweise für sich selbst. Erst wenn Sie es für sich erlebt haben, können Sie es an andere vermitteln.
Achten Sie bei der Anleitung darauf, dass Sie selbst gut sitzen. Machen Sie alles mit, was Sie den anderen vorschlagen. Dann spüren Sie auch besser, wie groß die Pausen zwischen den Anweisungen sein müssen, wie viel Zeit Sie den anderen geben können. Zwischen den einzelnen Schritten (»Und ich lasse es wieder.«) lassen Sie Raum für eine kleine Pause, vielleicht ein oder zwei Atemzüge lang.

---

46 Siehe FUCHS (1989); auf dem Hintergrund ihrer »Funktionellen Entspannung« ist die folgende Übung entstanden. Siehe auch DYCHTWALD (1981).
47 Die vom Autor gesprochene Anleitung ist bei diesem auf CD erhältlich.

Erinnern Sie: Die Anleitung bringt Angebote, Vorschläge, sich und seinen Körper zu spüren. Sie ist kein Übungsprogramm. Lassen Sie dies an der Art merken, wie Sie die Anleitung weitergeben.)

»Breiten Sie eine Decke aus und legen Sie sich darauf. Suchen Sie eine gute Lage, lassen Sie sich genügend Zeit, geben Sie sich nicht gleich zufrieden. Benutzen Sie gern auch ein Kissen oder etwas anderes unter dem Kopf. Es gibt nicht »die« richtige Lage, sondern nur die, die im Moment hier und jetzt für Sie passt. Sie haben auch jederzeit die Freiheit, die Lage wieder zu verändern, wenn sie nicht mehr stimmt.

Ich will Sie im Folgenden auf einem Spaziergang begleiten, den Sie durch Ihren eigenen Körper unternehmen können, will Ihnen Angebote vorschlagen, die Ihnen vielleicht helfen können, den eigenen Körper klarer und deutlicher wahrzunehmen. Es liegt an Ihnen, wie Sie mit den Angeboten umgehen wollen. Schauen Sie, ob es Ihnen passt, zu ihnen passt, oder nicht. Wenn Sie sich darauf einlassen wollen, ist es gut. Wenn es nicht richtig ist für Sie, dann lassen Sie es, und das ist auch gut. Besonders wenn Sie an einer Stelle auf Schmerzen oder unangenehme Gefühle stoßen sollten, ist es wichtig, dass Sie sich nicht zwingen. Geben Sie diesen Hinweisen nach. Es kann auch sein, dass das Liegen Probleme macht. Wenn Sie es nicht mehr auf dem Boden aushalten, können Sie aufstehen, sich an den Rand setzen, oder auch hinausgehen.

Spüren Sie, ob Sie irgend etwas stört beim Liegen: Die Schuhe an den Füßen, die Brille, der enge Gürtel, der Schlüsselbund in der Tasche, oder was sonst. Schauen Sie, ob Sie es verändern wollen. Vielleicht brauchen Sie noch ein Kissen, oder es ist Ihnen zu warm oder zu kalt. Sie können es – soweit möglich – ändern. Ich schlage vor, dass Sie die Augen schließen, um besser nach innen spüren zu können.

Wenn Sie nun so gut wie möglich liegen, können Sie mal nachspüren, wo Sie da liegen, zu Ihrer Unterlage hin. Was macht sie mit Ihnen? Was machen Sie mit ihr? Wie ist es? Ist es überall gleich oder verschieden in verschiedenen Bereichen? Sie können mal spüren, wie der Kontakt zur Unterlage an verschiedenen Bereichen Ihres Körpers ist, weich oder hart, kalt oder warm, glatt oder rau: An den Schultern – dem Bauch – dem Rücken – dem Becken – dem Gesäß – an den Knien – den Waden – den Fersen – den Zehen – den Armen – den Ellenbogen – den Händen – am Kopf – am Gesicht. Achten Sie darauf zu spüren, wie es ist, hängen Sie nicht an Vorstellungen, wie es sein sollte.

Wenn Sie so gespürt haben, wo Sie sind, können Sie zu sich selbst zurückkehren und spüren, was Sie noch erleben, wenn Sie selbst gar nichts tun. Vielleicht hören Sie Geräusche, aus dem Raum, von draußen. Vielleicht spüren Sie Ihre Verdauung. Sie lassen sie in Ruhe arbeiten. Vielleicht spüren Sie Ihren Puls. Sie merken, wie Ihr Herz zuverlässig arbeitet, ohne dass Sie sich darum zu kümmern brauchen. Vielleicht erleben Sie das Fließen Ihres Atems, wie er kommt und geht, wie Sie hergeben, loslassen im Ausatmen, wie Sie wieder bekommen im Einatmen.

Sie können eine Weile diesem Rhythmus zuschauen, ohne ihn beurteilen, etwas tun oder verändern zu wollen, erleben, wie es ausströmt, bis es leer ist und Sie den Impuls spüren, wieder einzuatmen, wie es sich dann wieder sammelt und neu füllt, bis Sie genug haben, um dann wieder überzugehen ins Loslassen und Hergeben. Sie können versuchen, sich von diesem Rhythmus tragen zu lassen. Vielleicht können Sie sich vorstellen, mit dem Ausatmen mitzugehen, Ihr Gewicht mit dem Ausatmen zur Unterlage hin loszulassen, und dann zu erleben, wie es wieder zusammenkommt, sich sammelt und zurückkehrt, Sie anfüllt. Und Sie lassen es wieder.

Nun möchte ich Sie auf einen Spaziergang durch diesen Ihren Körper begleiten, hier und jetzt, im Liegen und Spüren. Ich beginne im Schulterbereich, suche dort meine obere Querverbindung auf, Schultergelenke, Schlüsselbeine, Schulterblätter, Brustbein, mache mir den Bereich spürbar, indem ich mich da oben etwas räkle, etwas rühre, damit spiele. Wie hängt das zusammen, welchen Spielraum habe ich da? – Und ich lasse es wieder.

Von den Schultern aus gehe ich in den rechten Arm, treffe hier als erstes auf das Schultergelenk. Auch damit kann ich ein wenig spielen, daran rühren, Spielraum erkunden, ganz konkret. Vielleicht reichen ganz kleine Bewegungsreize. Vielleicht möchte ich mal eine große Bewegung probieren. – Und ich lasse es wieder.

Dann gehe ich weiter den rechten Oberarm entlang und komme zum Ellbogen. Wie ist es da? Wie ist der Unterschied zu eben, zum Schultergelenk? Ich probiere auch aus, einige Male. – Und ich lasse es wieder.

Dann gehe ich den Unterarm entlang zum Handgelenk. Hier kann ich spüren, wie sich die Hand im Unterarm drehen lässt, nach innen, nach außen. Dann kann ich den Spielraum im Handgelenk erkunden, auch seine Grenzen aufsuchen. – Und ich lasse es wieder.

Ich komme zu den Fingern der rechten Hand, mit all ihren vielen kleinen Gelenken, mit denen ich spielen kann. – Und ich lasse es wieder.

Nun gehe ich den Weg wieder zurück, im ganz konkreten Spüren: Von den Fingern – über das Handgelenk – den Ellbogen – das Schultergelenk zu den Schultern, zum Schultergürtel. – Ich vergleiche mal den rechten Arm mit dem linken, der noch nichts erlebt hat. Gibt es einen Unterschied, wie ist er?

Mit einem Räkeln im Schulterbereich spüre ich hinüber auf die andere Seite, zum linken Arm.« (Weiter entsprechend wie oben, bis zur Rückkehr zum Schulterbereich.)

»Nun habe ich mir diese obere Querverbindung erspürt – Schultern – Arme – Hände – Finger – und kann sie jetzt in Ruhe noch einmal nachspüren. Vielleicht hilft dabei, wenn ich einfach auf ein Ausatmen warte und mir vorstelle: Mein Aus-Atem strömt in meine Arme, bis vor zu den Fingerspitzen. Das Einatmen kommt von allein zurück, und ich stelle mich nochmals vor: Mein Aus-Atem strömt in meine Arme – und wird begrenzt vom Einatmen. – Und ich lasse es wieder.

Nun suche ich in der Verbindung Schultern – Arme – Hände die Mitte auf, wieder mit einem kleinen Räkeln, und spüre, wo sie sich mit meiner Längsachse, der

Wirbelsäule kreuzt. Ich verfolge diese Längsverbindung von der Halswirbelsäule nach unten, über die Brustwirbel, die Lendenwirbel, Richtung Becken, bis zum Kreuzbein, zum Steißbein, vielleicht mit einem kleinen Schlängeln, mit einer feinen Wellenbewegung. Wie ist das? Ist es überall gleich, ist es verschieden? Wie ist die Beweglichkeit? Vielleicht tut es an bestimmten Stellen weh? Ich kann dort mal hinschauen, es zur Kenntnis nehmen, weitergehen. Vielleicht löst sich etwas, vielleicht tut es gut, daran zu rühren. – Und ich lasse es wieder.

So komme ich zu meiner unteren Querverbindung, meinem Becken. Wie nehme ich es wahr? Wie beweglich ist es? Wie ist sein Spielraum? Ich kann es ein wenig ausprobieren, ein bisschen mit den Hüften schaukeln, mit dem Po wackeln, hin und her, vor und zurück. – Und ich lasse es wieder.

Nun gehe ich von hier aus weiter zum rechten Bein, treffe hier zunächst auf das Hüftgelenk.« (Nun geht es entsprechend weiter wie bei den Armen: Hüftgelenk – Knie – Fußgelenk – Zehen – zurück zum Becken – auf die andere Seite – dort genau so wie eben – zurück zum Becken.)

»Jetzt habe ich meine untere Querverbindung erspürt – Schultern – Beine – Füße – Zehen. Ich kann sie wieder in Ruhe nachspüren, ohne etwas aktiv zu tun, und vielleicht hilft mir wieder, wenn ich auf ein Ausatmen warte und mir vorstelle: Mein Aus-Atem strömt in meine Beine, bis hinunter zu den Zehenspitzen. Das Einatmen kommt zurück, und wenn ich will, stelle ich kann mir nochmals vor: Mein Ausatmen strömt in meine Beine – und wird begrenzt vom Einatmen. – Und ich lasse es wieder.

Ich erinnere wieder die obere Querverbindung, den Schultergürtel, suche seine Mitte auf und verfolge die Längsachse, die Wirbelsäule weiter nach oben mit einem kleinen Schlängeln, die Halswirbelsäule hinauf, bis ich zu der Stelle komme, wo Hals und Kopf verbunden sind. Diese Stelle kann ich vielleicht erspüren, wenn ich meinen Kopf vorsichtig nach hinten und nach vorn bewege – wie zu einer kleinen Ja-Bewegung – dann seitlich nach rechts und links – wie zu einer kleinen Nein-Bewegung, ganz vorsichtig, um diesen Drehpunkt, den Verbindungspunkt zwischen Kopf und Wirbelsäule. Wenn es unangenehm ist, bin ich noch behutsamer. – Und ich lasse es wieder.

Am Kopf kann ich mal mein Gesicht besuchen, all die vielen kleinen Muskeln in meinem Gesicht erspüren. Ich kann mit ihnen spielen, etwas grimassieren: Stirn, Augenbrauen, Wangen, Mund, Nase, Kinn. – Und ich lasse es wieder.

Im Gesicht finde ich auch die Öffnungen zu meinem Körperinneren: Der Mund. mit dem weichen Verschluss der Lippen: Wie verkniffen, wie gelöst kann ich da sein? Dann der feste Verschluss der Zähne, Kiefer, Kiefergelenke: Wie gelassen, wie verbissen kann ich da sein, wie passt es mir? Dahinter der Mundraum: Wie weit, wie eng ist es da, wie veränderlich? Wie geht es der Zunge darin? – Darüber der zweite Eingang zu meinem Inneren, die Nase, der Nasenraum, den ich nicht verschließen kann, durch den die Luft ein- und ausströmt: Wie frei, wie verstopft ist es da, wie veränderlich? – Dahinter vereinen sich Mund- und Nasenraum im Rachenraum: Wie weit, wie eng, wie durchlässig ist er, spüre ich, wie der Atem hindurch strömt, im Einatmen, im Ausatmen? – Ich spüre, wie es weiter geht nach unten, wie mein Atem ausströmt und zurückkommt, zum Brust- und Bauchraum. Wie viel Raum habe ich da, nehme ich mir – kann sich dieser Raum weiten mit dem Ein-Atem, nachgeben mit dem Aus-Atem? – Wie geht es nach unten weiter, Richtung Beckenboden, wo ich auch Öffnungen habe, mit denen ich spielen kann? Wie verklemmt, wie durchlässig, wie gelassen kann ich da sein? Wie veränderlich? – Und ich lasse es wieder.

So komme ich wieder nach außen, erlebe meine Haut, meine äußere Begrenzung, die mich umschließt, einhüllt, abgrenzt und zugleich Kontakt ermöglicht. Vielleicht spüre ich mit einem Räkeln in meiner Kleidung, auf meiner Unterlage deutlicher den Kontakt zwischen Haut und Umwelt. – Wie erlebe ich es? – Und ich lasse es wieder.

Und dann habe ich meinen Körper durchwandert, habe seine Struktur erlebt, die Längsverbindung, die Querverbindungen, habe gespürt, wo ich beweglich bin, habe meine Innenräume erfahren und meine Oberfläche erkundet. Jetzt kann ich einfach ruhen, es genießen, so, wie ich daliege, vielleicht entspannt, warm, wohlig, erfüllt vom unendlichen Rhythmus meines Atems, vom Hergeben, Loslassen, Ausatmen und Wiederbekommen, angefüllt Werden, Einatmen.

Allmählich mache ich mich mit der Vorstellung vertraut, wie es gleich sein wird, wenn ich wieder Spannung und Dynamik in meinem Körper aufwecke, die ich brauche, um wieder aufsitzen zu können. Vielleicht hilft es, wenn ich mich dehne, räkle, strecke, gähne, bis ich soweit bin, mich wieder aufzusetzen.«

Tauschen Sie sich mit den anderen über Ihre Erfahrungen aus: Wie war es? Was war besonders gut? Wo gab es Schwierigkeiten, Probleme, Beschwerden? Wie geht es Ihnen jetzt im Vergleich zu vorher?

6 Begegnung über den Körper

Erfahrung: Ihr/e Partner/in sitzt vor Ihnen auf einem Stuhl. Falls der Stuhl zu hoch ist, legt sie/er eine Decke o.ä. unter die Füße. Sie stehen dicht dahinter. Sie achten darauf, wie Sie stehen, wie Sie den Boden spüren, wie Sie im Gleichgewicht sind. Schließen Sie die Augen.

Ihr/e Partner/in schließt ebenfalls die Augen, spürt, wie sie/er sitzt, wo sie/er Halt findet, wie sie/er Sitzfläche, Rückenlehne, Boden wahrnimmt, wie Kopf, Nacken, Schultern, Arme sind.

Nun legen Sie Ihre Hände auf den Schultern des anderen ab, ohne etwas Bestimmtes zu wollen, lassen sie da einfach liegen und nehmen wahr, was Ihre Hände da im Kontakt mit dem andern erleben. Spüren Sie dabei für sich die Verbindung Schultern-Schulterblätter-Ellbogen-Hände. – Ihr/e Partner/in spürt, was sie/er unter Ihren Händen erlebt, wie es für sie/ihn ist.

Nach einiger Zeit (ca. 1 Min.) lösen Sie vorsichtig den Kontakt, nicht zu rasch und nicht zu zögernd, vielleicht ins Ausatmen. Lassen Sie die Augen geschlossen, nehmen Sie sich und dem andern etwas Zeit zum Nachspüren. Tauschen Sie dann die Plätze, ohne zu sprechen, und wiederholen Sie die Erfahrung mit vertauschten Rollen.

Tauschen Sie sich zunächst mit Ihrer/m Partner/in aus, dann in der Gruppe. Lassen Sie dabei gelten, dass verschiedene Menschen ganz verschiedene, ja völlig gegensätzliche Erfahrungen machen können, die jeweils für diesen Menschen stimmen.

In unserem alltäglichen Umgang miteinander ist der körperliche Kontakt weitgehend an den Rand gedrängt. Oft wird er »unanständiger« Absichten verdächtigt, vor allem wenn er außerhalb der eng definierten Situationen vorkommt, die ihm in unserer Gesellschaft zugewiesen werden. Gegenüber Säuglingen und Kleinkindern, zwischen Liebespartnern, allenfalls noch bei Begrüßung oder Abschied einer gut bekannten Person darf der andere nicht nur an den Händen berührt werden, vielleicht noch, um einen weinenden Menschen zu trösten. Dass dem nicht so sein muss, erlebt jeder, der eine andere Kultur kennen lernt, die mit Körperkontakt vielfältiger und unbefangener umgeht. Auch eine Reihe psychotherapeutischer Verfahren hat die Chancen entdeckt, die sich ergeben, wenn auch die Körperlichkeit des Klienten einbezogen wird, um mit seinen psycho-

Abb. 10: Mit dem Körper sprechen

somatischen Problemen in Kontakt zu kommen, da vielen Menschen dieser Zugang zu ihrem Unbewussten leichter möglich ist[48].

Folgende Erfahrung der *Entfaltungsbegegnung* will Ihnen anbieten, sich dieser kulturell gesetzten Grenze anzunähern und ihre Erweiterung möglich zu machen. Gleichzeitig können Sie sie auch in Ihr Repertoire ganzkörperlicher Kommunikationsweisen übernehmen und sie oder Teile davon im Umgang mit Partnern mit schwersten Beeinträchtigungen einsetzen. Ähnlich wie beim »Spaziergang durch den Körper« (siehe 5) geht es darum, den Körper in seiner Gestalt und in seinem Zusammenhang zu verdeutlichen, nur dass Sie hier einem andern ohne Sprache diese Erfahrung vermitteln. Wenn Sie die Erfahrung in einer Gruppe durchführen, ist es wieder gut, wenn jemand die Anleitung übernimmt, vielleicht auch das Vorgehen an einer/m Partner/in demonstriert.

Sie brauchen mit ihrer/m Partner/in einen Platz im Raum zum Liegen, mit einer Decke, vielleicht einem Kissen. Für den/die passiven Partner/in kann eine ruhige Musik helfen, nicht zu sehr auf die Anleitung zu hören.

Erfahrung: (Einige Hinweise für den, der die Anleitung spricht: Gut ist, wenn Sie die Übung selbst schon in der aktiven und passiven Rolle kennen gelernt haben. Ansonsten lesen Sie sich die Anleitung vorher durch und versuchen Sie,

---

48 Siehe z.B. FUCHS (1989).

sich den Ablauf vorzustellen. Günstig ist, wenn Sie die Übung zeitgleich an einem Teilnehmer demonstrieren. – Der aktive Partner verweilt an jedem Körperbereich einige Zeit und wiederholt jede Handlung einige Male, bevor er weitergeht. Vor allem das Streichen über den Körper wird rhythmisch wiederholt. Entsprechend ist bei der Anleitung Zeit zu lassen. Sie beobachten die Teilnehmer gut, damit Sie nicht zu schnell oder zu langsam werden, auch damit Sie über die verbale Anleitung, nötigenfalls durch direktes Zeigen, zu starke Abweichungen von der vorgesehenen Durchführung korrigieren können. – Zur »Ablenkung« der passiven Partner können Sie eine geeignete, ruhige Musik spielen lassen. – Dauer: ca. 45 Min.)

»Die Übung beabsichtigt, den andern seinen Körper erleben zu lassen, in seiner Gliederung, in seinen Zusammenhängen. Es ist ein Spaziergang über den Körper des andern. Sie kommen zu einer Stelle, verweilen dort ein wenig, gehen dann weiter. Bleiben Sie im Fluss.

Sprechen Sie ab, wer zunächst aktiv, wer passiv sein will. Der passive Partner legt sich auf die Decke, nach Belieben auf Bauch oder Rücken, die Arme so, dass der andere sie anfassen kann. Wenn er will, kann er die Augen schließen und sich von der Musik ablenken lassen. Schauen Sie als aktiver Partner, dass Sie für sich selbst einen guten Platz haben, mit gutem Kontakt zur Unterlage. Überprüfen Sie Ihre Haltung zwischendurch immer wieder. Wechseln Sie öfter Ihre Körperhaltung – Sie können knien, hocken, sitzen, zum Teil auch stehen. Je besser Sie bei sich sein können, und je wohler Sie sich bei der Übung fühlen, um so besser erreichen Sie den andern. Schön ist, wenn Sie die Übung mehr als Spiel erleben, auch wenn sie Kraft kostet. – Schauen Sie auch, dass Sie den Kontakt zum Partner nie abreißen lassen, auch wenn Sie ihre Position wechseln. Bleiben Sie stets mit einer Hand oder einem andern Körperteil in Kontakt, damit der andere immer spürt, wo Sie sind.

Sie suchen sich einen Platz an der Seite des andern, in Höhe des Brustkorbs. Legen Sie nun die Hände – wie zur Begrüßung – auf die Schultern des andern, zuerst leicht, dann mit etwas Druck, auf dem Rücken auch stärker. Streichen Sie mit beiden Händen von der Mitte nach außen zu den Schultern, vorn über die Schlüsselbeine, hinten über die Schulterblätter, als ob Sie ein aufgeschlagenes Buch ausbreiten wollen. Kehren Sie ohne Berührung zur Mitte zurück und wiederholen Sie das Streichen. Unterstreichen Sie so mehrmals diese obere Querverbindung. Nun gehen Ihre Hände zu dem Arm, auf dessen Seite Sie sind. Eine Hand fasst das Handgelenk, die andere den Ellbogen. Sie strecken den Arm, ziehen vielleicht ein wenig am Handgelenk, und bewegen den Arm gestreckt im Schultergelenk. Spielen Sie etwas damit, erkunden Sie den Bewegungsraum, ohne die Grenzen zu überschreiten, in kleinen oder großen Bewegungen. Es ist kein Duchbewegen oder Beturnen, sondern eher ein Spiel mit dem Körper des andern. Wenn Sie spüren, dass der andere festhält oder aktiv mitmacht, nehmen Sie das zur Kenntnis, zwingen Sie ihn aber nicht loszulassen.

Sie lassen die Hände, wo sie sind, und bewegen den Unterarm im Ellbogen. Das geht nur hin und her, zum Beugen und Strecken. Sie können auch mal unregelmäßige Bewegungen machen, mal kleiner, mal größer, mal schneller, mal langsamer.

Eine Ihrer Hände geht zum Handgelenk, die andere fasst den Handteller, und Sie bewegen die Hand im Handgelenk. Suchen Sie die Grenzen des Spielraums auf, ohne sie zu bedrängen. Sie bewegen die Hand im Unterarm, so dass sich die Handfläche nach innen/nach außen dreht.

Eine Hand fasst den Handteller, die andere bewegt die Finger, alle zusammen, einzeln, all die kleinen Gelenke. Sie können die Finger etwas ziehen, drehen, beugen, strecken. Vielleicht entwickeln Sie ein kleines Ritual, das Sie nach einander mit jedem Finger durchführen.

Eine Ihrer Hände bleibt jetzt bei der Hand des andern, die andere streicht von der Schulter bis über die Fingerspitzen hinaus, geht ohne Berührung zurück, streicht wieder mit deutlichem Druck über die flache Hand den ganzen Arm entlang bis über das Ende hinaus. Wiederholen Sie das einige Male in gleichmäßigem Rhythmus.

Halten Sie mit einer Hand Kontakt zum andern und wechseln Sie zur andern Seite. Lassen Sie sich dort Zeit, sich wieder Ihren Platz einzurichten. Dann erinnern Sie nochmals an die obere Querverbindung, so wie zu Beginn, indem Sie von Brustbein oder Schultermitte nach außen zu beiden Seiten streichen. Dann gehen Sie zu dem Arm, auf dessen Seite Sie jetzt sind.« (Nun so weiter wie beim ersten Arm.)

»Streichen Sie nun mit beiden Händen von der Mitte aus beide Arme entlang bis über die Fingerspitzen hinaus, unterstreichen so diese obere Querverbindung. Ohne Berührung zurück, und wieder streichen, ein paar Mal.

Jetzt drehen sich alle, die auf dem Rücken liegen, auf den Bauch.

Dann streichen Sie den Rücken hinunter, die Wirbelsäule entlang, von der Halswirbelsäule bis ganz ans Ende zum Steißbein. Sie können beide Hände über einander legen und relativ viel Druck ausüben, können auch mit breiten Händen den ganzen Rücken bestreichen. Wiederholen Sie das ein paar Mal.

Streichen Sie mit beiden Händen von der Lendenwirbelsäule aus über den Beckenrand seitlich hinunter, zu den Hüften, die am Boden aufliegen. Unterstreichen Sie so diese untere Querverbindung. Sie können, wenn Sie wollen, an den Hüften das Becken ein wenig zwischen die Hände nehmen, es leicht schaukeln, es ein wenig bewegen. – Wer von den passiven Partnern will, kann sich wieder auf den Rücken legen.

Gehen Sie weiter zu dem Bein, auf dessen Seite Sie sind. Achten Sie auf eine gute Haltung für sich selbst, das Bein ist ziemlich schwer, vielleicht knien Sie oder stehen sogar mit gerade gestrecktem Rücken. Eine Hand hält das Fußgelenk, die andere geht unter das Knie. Heben Sie das Bein, das in Ihren Händen liegt, an, und bewegen Sie es gestreckt im Hüftgelenk. Sie können es auch leicht im Hüftgelenk hin und her rollen, so dass sich die Zehen nach innen/nach außen bewegen. Das geht auch, ohne das Bein abzuheben. Wenn Sie größere Bewegungen mit dem Bein machen, achten Sie auf Grenzen, die Ihnen der Körper Ihres Partners zeigt, vor allem in Bauchlage.

Lassen Sie die Hände, wo sie sind. Liegt der andere auf dem Bauch, geht die Hand, die das Knie hält, auf den Boden. Bei Rückenlage stellen Sie den Oberschenkel so weit wie möglich senkrecht und umfassen ihn mit dem Unterarm in der Kniekehle. Die andere Hand bewegt den Unterschenkel im Knie, auf und ab.

Sie gehen weiter zum Fußgelenk. Schauen Sie, wie Sie sich bequem setzen, den Unterschenkel des Partners vielleicht über Ihr Bein legen. Eine Hand hält das Fußgelenk, die andere fasst mit deutlichem Griff quer über den Fuß. Bewegen Sie den Fuß im Fußgelenk.

Eine Hand fasst den Fuß, die andere mit deutlichem Griff die Zehen. Bewegen Sie die Zehen am Fuß, zusammen oder einzeln.

Legen Sie das Bein ab. Eine Hand bleibt beim Fuß, die andere streicht von der Hüfte bis über die Zehenspitzen hinaus, immer wieder, in fließendem Rhythmus, mit deutlichem Druck.

Halten Sie mit einer Hand Kontakt und wechseln Sie auf die andere Seite. Lassen Sie sich Zeit für den Wechsel und verschnaufen Sie ein wenig. Erinnern Sie dann nochmals an das Becken, die untere Querverbindung, indem Sie bei Bauchlage über den Beckenrand seitwärts zu den Hüften streichen, bei Rückenlage die Hüften vorsichtig zwischen die Hände nehmen und vielleicht leicht bewegen. Dann gehen Sie zu dem Bein, auf dessen Seite Sie jetzt sind.« (Nun so weiter wie beim ersten Bein.)

»Streichen Sie nun mit beiden Händen von den Hüften die Beine entlang bis über die Zehenspitzen hinaus, unterstreichen so diese untere Querverbindung. Vielleicht knien Sie sich dazu zwischen die Beine des Partners.

Setzen Sie sich an das Kopfende Ihres Partners, recht nahe, so dass sein Kopf zwischen Ihren Beinen dicht vor Ihnen liegt, symmetrisch auf ihn ausgerichtet, vielleicht am besten die Beine rechts und links vom andern ausgestreckt oder im Fersensitz. Achten Sie darauf, dass Sie einen guten Sitz haben, mit gutem Halt am Boden. Jetzt drehen sich alle Liegenden ohne Hast auf den Rücken. Legen Sie Ihre Hände unter den Kopf des Partners, ohne Kopfkissen – dieser hebt vielleicht kurz den Kopf an, um zu helfen. Stellen Sie sich vor, Ihre Hände bilden eine Schale, in der der Kopf ruht. Diese Schale Ihrer Hände liegt am Boden, der Kopf liegt darauf, ohne dass Sie etwas aktiv tun.

Nun heben Sie Ihre Hände mit dem Kopf ganz wenig vom Boden ab, vielleicht so viel, wie Ihre Hand dick ist, gerade so, dass Sie etwas Spielraum haben. Bewegen Sie in dieser Schale Ihrer Hände den Kopf leicht nach hinten auf sich zu, dass sich die Nase zu Ihnen hin, das Kinn nach oben bewegt, dann von sich weg, dass die Nase Richtung Brust, das Kinn nach unten geht, wiederholen dies ein paar Mal – dann hin und her, so dass sich die Nase nach links, der Hinterkopf nach rechts bewegt, und wieder zurück, wiederholen dies ein paar Mal – dann neigen Sie den Kopf Richtung Schulter, so dass sich das Ohr zur Schulter hin bewegt, die Nase oben bleibt, wiederholen dies ein paar Mal – immer hin und her, ganz sachte. Wenn Sie spüren, dass der andere festhält oder mitmacht, seien

Sie noch vorsichtiger. Üben Sie keinen Zwang aus. – Legen Sie den Kopf vorsichtig wieder ab.

Zum Abschluss drehen sich alle Liegenden in Bauchlage. Nehmen Sie einen Platz neben dem Becken ein. Beginnen Sie mit beiden Händen am Scheitel, streichen über den Nacken, die Schultern, die Arme bis über die Fingerspitzen hinaus. Dann beginnen Sie wieder am Scheitel, streichen über den Nacken, den Rücken hinunter, die Beine entlang, bis über die Zehenspitzen hinaus. Wiederholen Sie dies einige Male im Wechsel, immer vom Scheitel zu den Fingerspitzen, vom Scheitel zu den Zehenspitzen. Beim Streichen Richtung Zehen können Ihre Hände über dem Becken mit einer Drehung die Seiten wechseln, und Sie streichen schiebend Richtung Füße, ohne Ihren Platz verlassen zu müssen. Lassen Sie so Ihren Partner einige Male den ganzen Zusammenhang seines Körpers erleben. Verabschieden Sie sich behutsam von Ihrem Partner/Ihrer Partnerin. Ruhen Sie sich aus. – Die passiven Partner lassen sich Zeit, die Erfahrung nachklingen zu lassen, bevor sie wieder aktiv werden.«

(Nach einer knappen Pause Rollentausch; nach dem zweiten Durchgang Erfahrungsaustausch.)

Indem Sie diese Erfahrung einem nicht behinderten Partner anbieten, erhalten Sie die Chance, detaillierte Rückmeldung zu bekommen, wie ihr Tun vom andern erlebt wird, was gut getan, was vielleicht gestört hat, was Sie verbessern könnten. Wenn Sie selbst als passiver Partner diese Erfahrung erleben, erhalten Sie vielleicht einen Eindruck, wie sich ein schwerst beeinträchtigter Mensch in seinem Ausgeliefertsein fühlen könnte, und worauf es ankommt, um eine solche Begegnung genießen zu können.

Diese Erfahrung können Sie – wie beschrieben oder angemessen modifiziert, vielleicht nur in Einzelelementen – auch Menschen mit schwersten Beeinträchtigungen anbieten, ganz im Sinn der Basalen Stimulation, die auch in der Krankenpflege immer größere Beachtung erfährt[49]. Besonders die Stimulation der hoch sensiblen Stellungsrezeptoren in den Gelenken hilft dem Partner ganz entscheidend, den eigenen Körper zu spüren, und löst oft nicht nur körperliche Spannung, sondern erreicht auch emotionale Blockaden und Verhärtungen. Das Streichen über den Körper vermittelt dem Partner ein Gefühl für die eigene Ausdehnung, für den Zusammenhang der Gliedmaßen und des Rumpfes und lässt ihn sicherer in seinem Körper sein, gerade, wenn er sich autonom gar nicht oder nur sehr eingeschränkt bewegt.

---

49 Siehe BIENSTEIN, FRÖHLICH (1991), NYDAHL, BARTOSZEK (2000)

7 Kommunikative Pflege[50]

Erfahrung: Sie füttern Ihrem Partner/in (z B. mit Joghurt), der die Augen geschlossen hält, ohne dazu zu sprechen. Einmal gehen Sie davon aus, dass Sie in großer Eile sind und rasch fertig werden müssen. – Dann gehen Sie davon aus, dass Sie viel Zeit haben und Ihnen das Befinden Ihres Partner/in sehr wichtig ist. Tauschen Sie die Rollen. – Besprechen Sie, vielleicht auch schon zwischendurch, wie Sie beide sich bei den unterschiedlichen Arten zu füttern erlebt haben, und wie sich die Situation verbessern ließe.

Ein großer Teil der Zeit, die Sie mit einem Menschen mit schwersten Beeinträchtigungen zusammen sind, wird in der Regel durch *Pflegeaktivitäten* ausgefüllt. Dabei sind alle Handlungen gemeint, die körperliche Bedürfnisse stillen und für das körperliche und seelische Wohlergehen des anderen sorgen wollen.

Erfahrung: Tragen Sie – vielleicht in einer kleinen Gruppe – zusammen, welche Handlungen in Ihrem Tätigkeitsfeld zur Pflege zu zählen sind. Gehen Sie dabei ruhig mal ins Detail.

Pflege ist auch im Umgang einer Mutter mit ihrem Säugling ein zentrales Geschehen. Genau betrachtet »erschöpft« sich deren gemeinsame Aktivität anfangs weitgehend in diesen Tätigkeiten, da das Kind sonst meist schläft. Jedoch: Was sich in dieser Zeit bereits an Beziehung und Bindung zwischen den beiden entwickelt, ist alles in diese Pflege eingebettet, findet in ihr den äußeren Rahmen. Hier ist Gelegenheit für immer wiederkehrende Begegnungen, kleine Anlässe zu Spiel und Kommunikation. Ja, schon die Erfahrung, in seinen Bedürfnissen zuverlässig wahrgenommen und befriedigt zu werden, trägt zu der Überzeugung bei, angenommen zu sein und verstanden zu werden.

Erfahrung: Waren Sie schon mal im Krankenhaus, auf intensive Pflege angewiesen, hilflos? Kennen Sie alte Menschen, die Pflege brauchen? Tauschen Sie sich untereinander darüber aus, was einem in einer solchen Situation wichtig ist, um sich wohlfühlen zu können.

---

50 Siehe FRÖHLICH (1980, 1991), GROSSMANN (1987).

Selbst wenn sich der Pflegende keine Gedanken über Kommunikation macht, in allen Aspekten der Pflegesituation erlebt der Gepflegte *Mitteilungen über die Einstellung des andern zu ihm,* über die Art der Beziehung zwischen beiden. Auch hier gilt: Es ist unmöglich, sich dem andern nicht mitzuteilen. Gerade, wenn sich der andere »wie einen Gegenstand« behandelt erlebt, ist ihm das eine Botschaft: »Ich bin dem Pflegenden nicht wichtig, nur wie ein Ding, kein Mensch und Partner.« – negative Kommunikation.

Wie Sie den andern berühren, sich mit ihm bewegen, Ihren Körper halten in Beziehung zu ihm, viele »Kleinigkeiten« lassen den andern unmissverständlich spüren, wie Sie »zu ihm stehen«, ob Ihnen das klar ist oder nicht. Da Sie selbst – auch wenn unbewusst – ebenso empfänglich sind für Signale der Zu- oder Abneigung von Seiten des Gepflegten, ergibt sich rasch ein sich selbst verstärkender Kreislauf der Sympathie oder Antipathie, der die Beziehung prägt.

Erfahrung: Im Rollenspiel kann Ihre Partner/in zwar motorisch kooperieren, schließt aber die Augen, und es wird auf Sprache verzichtet. Baden oder duschen Sie sie/ihn, oder putzen Sie ihr/ihm die Zähne, oder ziehen Sie ihn aus oder an. Tauschen Sie sich im nachhinein darüber aus, was Sie beide dabei alles erlebt haben, wie Sie beide sich gefühlt haben.
Tauschen Sie die Rollen.

Wenn Sie die Pflegesituation gezielt nutzen wollen, um dem andern als Person zu begegnen und positive Kommunikation zu ermöglichen, können folgende *Hinweise* eine Hilfe sein:

- Sie nehmen sich Zeit und Raum, um sich auf diese Person konzentrieren zu können.
- Ebenso schaffen Sie in sich »Raum« für sie, stellen sich innerlich auf die Begegnung mit dieser Person ein, was voraussetzt, auch in gutem Kontakt zu sich selbst, zu Ihrem Körper zu sein.
- Äußere oder innere Umstände, die es Ihnen erschweren, die Situation gut zu gestalten, machen Ihnen weniger zu schaffen, wenn Sie sie bewusst wahrnehmen, sie anerkennen und nicht versuchen, sie zu verdrängen, auch wenn Sie eine Alles-oder-Nichts-Einstellung vermeiden, Hilfsmittel suchen und nutzen.
- Wichtiges Kriterium: »Wie ginge es mir, würde jemand so mit mir umgehen?« Selbsterfahrung suchen.

- Ebenso wichtig die Selbstkritik im Spiegel von andern: »Wie würdest du es erleben, wenn ich so mit dir umginge?« Auch: »Wie machst du es denn?«
- Sie werden sensibel für Äußerungsversuche des andern: Vielleicht nur ein Muskelzucken, ein Verziehen des Gesichts, ein kleiner Laut, ein Entspannen. Auch Verhalten, das Sie stört oder Ihnen weh macht, als Äußerungsversuche anerkennen.
- Wo es geht, bieten Sie Entscheidungen an, und seien sie noch so klein: »Möchtest du erst den linken oder erst den rechten Fuß in die Hose stecken?« Das geht auch ohne Worte, durch Abwarten.
- Sie sehen mögliche Bedürfnisse des andern vorher. Dies gelingt um so besser, je genauer Sie den andern kennen und ihn beobachten.
- Durch Rituale im Pflegeablauf schaffen Sie Vertrauen durch Wiedererkennen, erleichtern auch die Umstellung auf wechselnde Pflegepersonen.

Erfahrung: Sie bilden 3-er-Gruppen, die folgende Rollen aufteilen: »Beeinträchtigte/r«, »Betreuer/in«, Beobachter/in«. Bei jedem Durchgang wechseln die Rollen. Eine/r, der/die die Erfahrung leitet, ruft vor jedem Durchgang die »Beeinträchtigten« aus dem Raum und gibt dort die Instruktion aus, um welches Bedürfnis es gehen kann.

Jeder Durchgang verläuft so: Der/die »Beeinträchtigte« hat ein konkretes Bedürfnis, das sich im Raum befriedigen lässt, der/die »Betreuer/in« versucht, das Bedürfnis zu erkennen und mit der passenden, konkreten Handlung zu stillen. Ist ihm/ihr dies gelungen, ist das Spiel zu Ende. Der/die Beobachter/in hält sich während des Spiels heraus und beobachtet nur; nach dem Spiel bringt sie ihre Beobachtungen in die Auswertung ein. – Nach einer kurzen Auswertung in der Kleingruppe beginnt der nächste Durchgang.

Die/der »Beeinträchtigte«

- »lebt« ihr/sein Bedürfnis möglichst spontan aus, ohne es selbst stillen zu können (mit den Mitteln, die vielleicht ein Mensch mit schwerer geistiger Behinderung hat).
- teilt sich nicht intentional mit, d.h. weist nicht mit seinem/ihrem Verhalten gezielt auf ihr/sein Bedürfnis hin.
- reagiert nicht auf sprachliche Zuwendung des/der »Betreuer/in«.

Die Bedürfnisse, die ausgelebt werden sollen, können z.B. sein:

1. Ein körperliches Bedürfnis wie »Ich habe einen Stein im Schuh/Socken. Ich will den Schuh/Socken ausgezogen bekommen.« oder »Meine Brille stört mich, ich kann sie nicht absetzen.« oder »Es juckt mich oben auf dem Kopf,

und ich kann mich nicht kratzen.« oder »Ich habe kalt (zu warm) – ich will etwas angezogen (ausgezogen) bekommen.«

2. »Ich will einen ganz bestimmten (vielleicht etwas ausgefallenen) Gegenstand im Raum in den Händen haben.«

3. »Ich bin traurig und will mit meiner Trauer akzeptiert und getröstet werden. – Aber wehe, du ver-tröstest mich nur oder versuchst, mich abzulenken! Dann will ich lieber allein sein.« (Ambivalenz gegenüber Nähe spüren und aushalten lassen.

8 Massage »Sanfte Hände«[51]

Berührung ist »*Nahrung für die Seele*«, sagt Leboyer in seiner Beschreibung der indischen Babymassage. Unsere Haut grenzt uns zum einen ab von der Umwelt. Zum anderen ist sie Kontaktorgan, das unsere Beziehung zur Umwelt vermittelt, uns notwendige Informationen über sie liefert und uns so Anpassung ermöglicht: Druck, Vibration, Wärme, Kälte, Schmerz werden von ihr wahrgenommen. Von Beginn unseres Lebens an spielt sie eine zentrale Rolle in der Vermittlung zwischen uns und unserer Umwelt.

Erfahrung: Nehmen Sie ein Stück Fell, ein schönes Stück Holz, oder einen schönen Stein. Legen Sie diesen Gegenstand vor sich hin und betrachten Sie ihn. Dann schließen Sie die Augen und befühlen Sie den Gegenstand. Nehmen Sie ihn in die Hand, berühren Sie sich damit im Gesicht, am Arm, ... etc.
Wie ist der Unterschied zwischen beiden Wahrnehmungsweisen?

Ein Mensch, ein Ereignis »berührt Sie«. Sie »sind ergriffen«. Ihre Seele, Ihr Gefühl »lässt sich anrühren«, Sie »sind gerührt«. Etwas »packt Sie« und »lässt Sie nicht mehr los«. Sie »begreifen etwas«, »bekommen es zu fassen«, »haben es gepackt«. Viele andere Redensarten noch gehen von der Bedeutung aus, die Berührung für unseren Austausch mit der Welt hat. Das gilt auch für unsere Beziehungen zu Menschen: Wie viel anders ist sicher auch für Sie die Aussage »Ich bin dir gut«, wenn sie verbunden ist mit einem Streicheln, einer Berührung. Wie sehr brauchen Sie es, dass Ihnen jemand ganz wörtlich »den Rücken stärkt«, Sie so seine Nähe spüren lässt.

Erfahrung: Eine/r spricht die Anleitung:
Setzen Sie sich Ihrer/-m Partner/in gegenüber, so dass Sie Ihre Hände gut erreichen. Lassen Sie Ihre Hände miteinander sprechen. Schließen Sie dabei die Augen. Verweilen Sie eine Zeitlang bei jeder Aussage.
Sie können sich folgendes mit den Händen »sagen«:
»Guten Tag! Sie kenne ich ja noch gar nicht.«

---

51   Siehe LEBOYER (1979).

Abb. 11: Wir berühren uns.

»Ich bin noch etwas misstrauisch.«
»Sie haben mich verletzt.«
»Ich habe eine Wut auf Sie!«
»Ich bin traurig.«
»Wir wollen wieder gut sein miteinander.«
»Ich freue mich!«
»Ich muss mich leider verabschieden. Auf Wiedersehen.«
Tauschen Sie anschließend Ihre Erfahrungen aus.

Eine Möglichkeit, Berührung konzentriert als ritualisierte Kommunikationsform zu erleben, ist Massage. So, wie in unserem Kulturkreis Massage jedoch oft eingesetzt wird, als medizinische Maßnahme zur »Reparatur« des Körpers, wird es eher als negative Kommunikation erlebt: »Ich will/soll/darf mit dir als Person nichts zu tun haben.« Dass es auch anders geht, sind Sie eingeladen, in folgender Erfahrung zu erleben.

Folgende *Ziele* können mit diesem Angebot verfolgt werden:
• Vermittlung angenehmer, entspannender Erfahrungen

- Vermittlung der Erfahrung: »Ein anderer Mensch tut mir wohl.«
- Vermittlung von zusammenhängender Körpererfahrung

Erfahrung: Wenn Sie die Massage-Selbsterfahrung einer Gruppe vermitteln wollen, tun Sie gut daran, zunächst die vollständige Sequenz an jemanden zu demonstrieren, und zwar mit all der Ruhe und Ausführlichkeit, die für diese Umgangsform so wesentlich ist. Sie können sich auch das Video von Leboyer besorgen und vorführen[52].

Sorgen Sie für eine angenehme Atmosphäre im Raum (Wärme, gedämpfte Helligkeit, passende Musik, evtl. ein wenig Sichtschutz zwischen den Plätzen, z.B. durch Stühle, über die eine Decke gehängt ist).

Wenn dann die Teilnehmer/innen sich gegenseitig massieren, geben Sie nur so viel Anleitung, wie unbedingt nötig ist. Sie hängen vielleicht zuvor gut sichtbar ein Plakat auf, auf dem die einzelnen Schritte kurz geschildert sind. Wenn nötig, gehen Sie zu den einzelnen Paaren, die Sie anleiten wollen, und zeigen Sie es direkt. Wenn jemand etwas anders massiert als angegeben, ist das nicht weiter schlimm, solange er/sie selbst dabei sicher ist und es dem/der andern gut tut.

Die Erfahrung besteht darin, dass Sie Ihre/n Partner/in massieren. Die Anleitung bezieht sich auf die Massage des ganzen Körpers, auf der Haut. Gestalten Sie jedoch die Erfahrung so, wie es Ihnen und Ihrer/m Partner/in in der gegebenen Situation passt: Sie können auch – so gut es geht – auf der Kleidung oder in Badebekleidung massieren, auch nur Teile des Körpers einbeziehen, usw.

Ihr/e Partner/in liegt möglichst bequem auf einer Decke. Wenn ein Massagetisch zur Verfügung steht und Sie auf Ihren Rücken achten müssen, können Sie diesen nutzen (wobei der Kontakt zur/m Partner/in nicht so direkt ist, wie wenn beide auf dem Boden sind). Achten Sie darauf, und fragen Sie – wenn das geht – auch zwischendurch nach, ob der andere nicht friert. Decken Sie sonst die Bereiche, die nicht dran sind, mit einer zweiten Decke zu. Wenn Sie auf der Haut massieren, nehmen Sie ein gutes Massageöl, das Sie jeweils vor dem Auftragen in den Händen erwärmen. Für Hände, Füße und Gesicht ist meist kein zusätzliches Öl erforderlich.

Alle beschriebenen Massagebewegungen werden oft in fließendem Rhythmus wiederholt, so lange, wie es Ihnen passend erscheint. Die Hände können deutlichen Druck ausüben, vor allem die Handflächen sind im Spiel. Achten Sie ständig darauf, wie der andere reagiert (Laute, Bewegungen, Spannungsveränderungen, Veränderungen im Atemrhythmus, ...) und richten Sie sich danach. Halten Sie auch bei Stellungswechseln Kontakt.

Achten Sie bei der Massage ebenso darauf, wie Sie mit sich selbst umgehen, wie gut Sie bei sich sind, wenn Sie den anderen erreichen. Achten Sie auf die eigene Körperhaltung, versuchen Sie, immer mal wieder die Stellung zu verändern, spüren Sie, wie Ihr Kontakt zum Boden ist. Nach Stellungswechseln lassen Sie sich Zeit, sich wieder neu einzufinden. Überprüfen Sie sich immer wieder, ob

---

52 LEBOYER (1987).

Sie sich unter Druck setzen, besonders toll und eindrucksvoll zu massieren, und suchen Sie diesen Druck loszuwerden, gelassen zu sein.

Zu Beginn liegt Ihr/e Partner/in auf dem Bauch. Bringen Sie Öl, das Sie sich in die Hand gegeben und erwärmt haben, mit langen Strichen von den Schultern zum Becken auf dem Rücken auf.

- Sie knien seitlich vom andern, legen beide Hände nah bei einander quer zur Wirbelsäule auf dem oberen Rücken auf und streichen in entgegengesetzte Richtungen quer über den Rücken. Immer hin- und herstreichend arbeiten Sie sich den Rücken hinunter und wieder hinauf.

- Sie legen eine Hand unter den Po, streichen mit der anderen Hand den Rücken hinunter, vom Nacken bis zum Po.

- Bitten Sie Ihre/n Partner/in, sich auf den Rücken zu drehen.

- Sie legen beide Hände nebeneinander auf das obere Brustbein und streichen nach außen über die Schlüsselbeine und oberen Rippen zu den Seiten.

- Sie streichen von einer Hüfte aus diagonal nach oben, den unteren Rippenrand entlang, kreuzen die Mitte am unteren Brustbein, gehen weiter zur gegenüberliegenden Schulter. Dann beginnt Ihre andere Hand an der anderen Hüfte und streicht wieder diagonal nach oben zur gegenüberliegenden Schulter. Die linke Hand beginnt an der rechten Hüfte, die rechte Hand an der linken Hüfte.

- Sie streichen mit der flachen Hand mit sanftem Druck den weichen Bauch hinunter, vom Nabel Richtung Schambein.

- Sie fassen einen Arm mit einer Hand am Handgelenk. Ihre andere Hand umfasst den Arm oben und streicht so von der Schulter den Arm hinunter. setzt das Streichen fort bis zu den Fingerspitzen. Dann fasst diese Hand das Handgelenk. Ihre andere Hand streicht von der Schulter zu den Fingerspitzen. So wechseln sich Ihre Hände ab.

- Sie legen beide Hände oben um den Arm. Ihre Hände bewegen sich »wringend« gegeneinander. So arbeiten Sie sich den Arm hinunter bis zum Handgelenk, setzten die Berührung fort bis zu den Fingerspitzen. Dann beginnen Sie wieder an der Schulter.

- Sie massieren die Hand, drücken, streichen, kneten, bewegen sie, streichen ziehen, kreisen, bewegen die Finger.

- Sie wechseln auf die andere Seite, massieren dort den anderen Arm. Dann gehen Sie an das Fußende.

- Sie fassen ein Bein am Fußgelenk. Ihre andere Hand streicht vom Oberschenkel zu den Zehenspitzen, wechselt dann mit der Hand, die das Bein hält. Versuchen Sie, mit breiter Hand nach und nach die gesamte Oberfläche des Beines zu erreichen.

- Sie stützen das Bein auf Ihrem Oberschenkel ab, legen beide Hände um den Oberschenkel und arbeiten sich mit »wringenden« Bewegungen gegeneinander das Bein hinunter bis zum Fußgelenk, setzten die Berührung fort bis zu den Zehenspitzen, beginnen wieder am Oberschenkel.

- Sie massieren den Fuß mit deutlicher, fester Berührung, drücken, streichen, kneten, bewegen den Fuß und die Zehen.

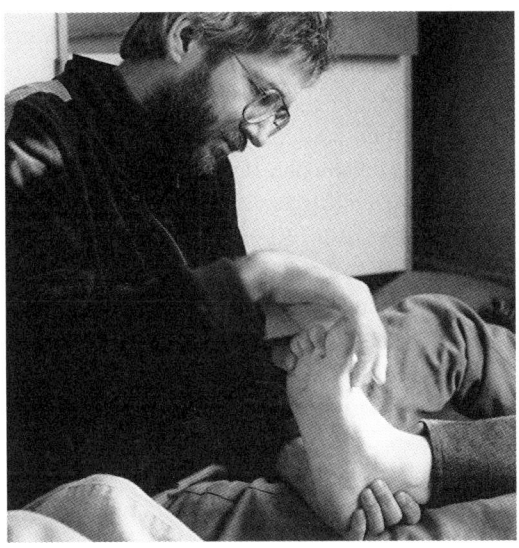

Abb. 12: Fußmassage als Zuwendung.

- Sie wechseln zum anderen Bein und massieren dieses. Dann setzen Sie sich an das Kopfende, nahe an den Kopf, um das Gesicht zu massieren.
- Sie streichen mit den Kuppen von Mittelfinger oder Daumen von der Mitte nach außen zu den Ohren, entlang folgender Linien (an sich selbst suchen):
  - den Haaransatz entlang
  - die Oberkante der Augenbrauen entlang über die Schläfen
  - von der Nasenwurzel über den oberen Rand der Backenknochen und die Kiefergelenke
  - von der Nasenwurzel über die knöchernen Seiten der Nase, den unteren Rand der Backenknochen und die Kiefergelenke
  - die obere Zahnreihe am Rand des Oberkiefers entlang nach oben zu den Ohren
  - die untere Zahnreihe entlang nach oben zu den Ohren
  - von der Kinnspitze auf dem unteren Rand des Unterkiefers
- Sie verabschieden sich behutsam von Ihrer/m Partner/in, decken sie/ihn, falls gewünscht, zu und lassen ihr/ihm Zeit zur Ruhe. Dann können Sie sich über Ihre Erfahrungen austauschen, bevor Sie die Rollen wechseln.

Der in der Erfahrung angegebene Ablauf entspricht weitgehend der indischen Babymassage, die Leboyer beschreibt, bis auf einige Änderungen, die mit der Größe der massierten Person zusammenhängen. In anderen Anleitungen finden Sie weitere Massageformen, die ähnliche

Ziele verfolgen, nämlich die angenehme Eigen- und Partnererfahrung auf Körperebene[53]. Die Details der Abfolge sind sicher weniger zentral als die *Haltung* dabei, die in eigener *Gelassenheit* dem andern Zuwendung, Nähe und Sicherheit vermitteln will.

Manche Partner mit schwersten Beeinträchtigungen sind bereit, sich auf die Massage des ganzen Körpers einzulassen. Für andere steht es frei, Abwandlungen zu entwickeln, Elemente von Massage in den Alltag einzubauen (z. B. beim Waschen, Abtrocknen, Eincremen), oder sich auf die Körperteile zu beschränken, bei denen es der andere eher zulässt. Sie können auch nebenbei mal dem andern über den Rücken streichen, über die Arme, dies rhythmisch-fließend wiederholen, können ihm »nur mal so« Füße, Hände oder Gesicht massieren, so, wie es gefällt und in die Situation passt.

Auch die äußeren Bedingungen lassen sich variieren: Vielleicht geht es im Schwimmbad besser oder auf dem Airtramp, vielleicht lassen sich »natürliche« Gelegenheiten bei der Körperpflege nutzen. Vielleicht kann im Gruppenraum eine spezielle Ecke hergerichtet oder sogar ein kleiner Raum für solche Begegnungen gestaltet werden. Vielleicht geht es auf einem Massage- oder Wickeltisch besser.

Sicher wird günstig sein, einen bestimmten Raum, Rahmen und Ablauf dann in etwa beizubehalten, damit die Massage zu einem Ritual wird, das der andere wiedererkennt, auf das er sich einstellen kann. Auch für Ihre eigene Sicherheit und Gelassenheit ist das wichtig.

---

53 Siehe z.B. LIDELL u. a. (1985).

9 Basale Kommunikation nach Winfried Mall® [54]

9.1 Begegnung im Rhythmus des Atmens

Basale Kommunikation[55] bezeichnet eine konkrete Möglichkeit, einem Menschen mit schwersten Beeinträchtigungen ohne Vorbedingungen und ohne Voreingenommenheit zu begegnen, um so den Kreislauf positiver Kommunikation neu zum Schwingen zu bringen. Sie beginnt mit dem, was das andere anbietet: Seine Bewegungen und Laute, der Ort, an dem er sich im Raum aufhält, das Material, das er benutzt, die Geräusche, die er produziert, auch seine Gewohnheiten und »stereotypen« Verhaltensweisen, seine Körperhaltung, seine Muskelspannung. Sie greift seine Äußerungen auf, spiegelt sie zurück, variiert sie, geht auf Vorlieben ein, führt an Grenzen, regt an, gibt nach, in engster Abstimmung mit seinen Reaktionen. Stets vorhandene Basis der Begegnung ist der Rhythmus, den der andere mit seinem Atem ins Spiel bringt: Er ist die voraussetzungslose Ausgangsebene Basaler Kommunikation, auf die sie sich, so weit es möglich ist, im eigenen Atem wie im eigenen Tun, direkt und spürbar, gelassen und spielerisch bezieht.

Im Atemrhythmus lässt sich ein Zugang zum andern entdecken, der von ihm tatsächlich nichts anderes fordert als einfach lebendig da zu sein. An der zweifachen Nahtstelle zwischen sowohl dem Bewussten und dem Unbewussten, als auch dem Körperlichen und dem Seelischen offenbart dieser Rhythmus – im Aus- und Einatmen selbst Ausdruck des dialogischen Wechselspiels von Assimilation und Akkommodation – auf direkte Weise, wie es im andern aussieht, wie er sich fühlt, wie er im Leben steht. Der Atemrhythmus, so betrachtet, zeigt auf einer »Mikroebene«

---

54 Die Bezeichnung »Basale Kommunikation nach Winfried Mall« ist markenrechtlich geschützt und darf grundsätzlich nur mit Zustimmung des Autors benutzt werden. In der Folge wird der Einfachheit halber nur die Bezeichnung »Basale Kommunikation« gebraucht. Siehe auch die Hinweise unter 9.5!

55 Siehe MALL (1980 u. 1984).

vieles seiner Persönlichkeit, die sich auch auf der »Makroebene« des Alltagsverhaltens ausdrücken kann, vielleicht aber auch unterdrückt und verdeckt wird oder durch die Schwere der Beeinträchtigung kaum andere Wege des Ausdrucks findet. Diese Zusammenhänge lassen sich therapeutisch nutzen, um Zugang zum psychosomatischen Erleben eines Klienten zu finden und ihm aufzuzeigen[56]. Aber auch ohne therapeutische Intention im engeren Sinn kann Basale Kommunikation versuchen, auf derselben Ebene unmittelbar zu antworten, wenn sie im gespürten Rhythmus des andern mitschwingt, ihn den eigenen, korrespondierenden Atemrhythmus spüren lässt.

Erfahrung: Sammeln Sie Redewendungen, die sich auf den Zusammenhang beziehen zwischen Atmung, Atemrhythmus und Erlebnissen, Erfahrungen, Gefühlen.

Dabei beachten Sie, wenn Sie Basale Kommunikation nutzen, sorgfältig die innere Dynamik dieses Rhythmus: Das *Ausatmen*, aktives sich Loslassen, Entspannen, leer Werden, aber auch auf gute Weise tätig Sein – die sehr individuellen *Atempause* – der Impuls zum *Einatmen*, schöpferisches Zulassen, wieder Bekommen, angefüllt Werden – der erneute Umschwung zum Ausatmen. Nur im Aus-Atmen begleiten Sie den Partner, lassen ihm dann Zeit für seine Atempause, geben ihm Raum für sein Ein-Atmen. Ins Aus-Atmen betten Sie eigene Angebote ein: Eigenes Tönen, Streichen, Bewegungen, Lageveränderungen, feine Schwingungen. Sie achten darauf, dieses Mitgehen spielerisch zu gestalten, dabei den andern nicht zu bedrängen, ihm nicht die eigenen Vorstellungen von Rhythmus aufzuzwingen, aber auch darauf, sich selbst nicht zu verlieren, in achtsamem Kontakt mit sich selbst, dem eigenen Körper zu bleiben.

Das kann – vor allem bei Menschen, die sehr zurückgezogen scheinen oder Kontakt extrem ambivalent erleben, oder deren Möglichkeiten extrem reduziert sind – nur gelingen, wenn Sie als Partner gleichzeitig ein hohes Maß an differenzierter Beobachtungsgabe und Eigenwahrnehmung entwickeln. Es gibt dabei zwar auch technische Momente, die sich zeigen und beschreiben lassen, sie sind aber nicht das Wesentliche, das sich letztlich nur über die Eigenerfahrung vermitteln lässt. Bei beiden Partnern werden tiefe Schichten der Persönlichkeit angerührt, so dass es eines sehr verantwortlichen Umgangs mit sich und dem andern bedarf,

---

56   ... wie es die »Funktionelle Entspannung« nach MARIANNE FUCHS versucht (siehe FUCHS 1984).

um nicht beide zu überfordern. Nur so weit Sie sich selbst in Ihrer Körperlichkeit feinfühlig spüren, gewinnen Sie auch einen Sinn für all die feinen Regungen, die Ihnen selbst noch ein Mensch offenbart, der auf den ersten Blick »gar nichts« tut.

Gleichzeitig benötige Sie die innere Freiheit, »ungeschützt« auch mit einem Menschen in Austausch zu treten, an dessen Verhalten Sie vielleicht zunächst gar nichts Vertrautes finden, der möglicherweise abstoßend oder sogar bedrohlich auf Sie wirkt, auch mit dem Risiko, eigene Grenzen zu erleben. Doch nur wenn Sie dazu bereit sind, kann es wirklich zu einer wechselseitigen Begegnung kommen, die dem andern neue Beziehung – zu Ihnen, aber auch über Sie hinaus zur Welt – ermöglicht, und dies wird ihm vielleicht Anreiz sein, sich neu – oder überhaupt erst einmal – der Welt zu öffnen.

9.2 Selbsterfahrung

Erfahrung: Um zu dieser Erfahrung gut anleiten zu können, muss man selbst körperbezogene Selbsterfahrungs- und Therapieansätze und deren Vermittlung fundiert kennen gelernt, sowie eigene Erfahrung und längere Praxis mit Basaler Kommunikation und ihrem Einsatz in der Begegnungsgestaltung mit schwer beeinträchtigten Menschen gesammelt haben (siehe Hinweise unter 9.5).

Entsprechend kann der folgende Text nur Anregung sein, der auf keinen Fall schematisch einzusetzen ist. Jede/r Partner/in ist anders, jede Gruppe ist anders; jedes Mal ist genaue Beobachtung unabdingbar, die sich dann in der Formulierung der Anleitung niederschlägt.

Zu betonen ist: Basale Kommunikation muss nicht in der äußeren Gestaltung stattfinden, wie es gleich vorgeschlagen wird. Es gibt keine festen Vorgaben bezüglich Haltung, Ablauf, Inhalt. Basale Kommunikation ist eine Art, in Kontakt zu treten, und die richtet sich immer nach den individuellen Bedingungen, unter denen die Begegnung stattfindet.

Jede/r Teilnehmer/in sucht sich eine/-n Partner/in und jedes Paar einen Platz an der Wand, der mit Decken, Kissen, usw. bequem gestaltet wird. Es gibt die Rolle des aktiven und die des passiven Partners. Der aktive Partner sitzt an der Wand und schaut, dass sein Rücken gut unterstützt ist. Ist er kleiner als der andere, kann es hilfreich sein, sich auf ein Kissen zu setzen, um etwas höher zu sein.

Wichtig ist, sich klar zu sein, dass man jetzt auf eine ungewohnte Art miteinander umgeht, die vielleicht erst einmal befremdet, merkwürdig ist. Es lässt sich dann sehen, ob man diese Befangenheit aushält und sich mit der Zeit darauf einlassen kann, oder ob man an eigene Grenzen stößt und sich besser entschließt, es in dieser konkreten Situation zu unterlassen. Das ist besser, als sich zu zwingen mitzumachen, und die Befangenheit bricht sich schließlich vielleicht in Lachen und Herumalbern Bahn und stört auch die andern.

Der aktive Partner holt den anderen in den Schoßsitz zu sich heran, so dass dieser mit dem Rücken zu ihm zwischen seinen Beinen sitzt und sich an ihn anlehnt. Beide schauen, wie nah/wie entfernt sie zueinander sitzen wollen, können auch damit experimentieren. Der passive Partner achtet darauf, dass es ihm möglichst gut geht, und versucht, sich dem andern zu überlassen, ganz konkret auch mit seinem Gewicht. Der aktive Partner achtet zunächst auf sich selbst, auf seinen Körper, auf seine Unterlage, seinen Rückhalt, seinen Po, seinen Rücken. Er spürt, wie er mit dem Gewicht des anderen umgeht, ob er es nach hinten/nach unten weitergeben kann. Er erinnert sich seines eigenen Atemrhythmus', wie er geht und wiederkommt, ausströmt und zurückkehrt, loslässt und wiedergibt.

So in Kontakt mit sich und seinem eigenen Rhythmus versucht er allmählich, Kontakt zum Rhythmus des andern aufzunehmen, vielleicht indem er auf dessen Bauch schaut oder, wenn es nicht zu nah ist, ihm die Hand an die Seiten oder auf den Bauch legt. Er versucht, ob es ihm gelingt, sich in den Rhythmus des andern einzuschwingen, spielerisch, ohne sich zu zwingen, indem er mit dem Ausatmen des Partners mitgeht, das Einatmen frei zurückkommen lässt, mit dem nächsten Ausatmen wieder dabei ist.

Wird es anstrengend, kommt der aktive Partner aus dem Rhythmus, findet er den Anschluss nicht, dann kehrt er zu sich selbst zurück, sorgt für sich und sein Wohlbefinden. Danach kann er es nochmals versuchen. Will es gar nicht gelingen, kann er auch ganz bei sich und seiner eigenen Ruhe bleiben und den andern das spüren lassen.

Nach einer Weile, vielleicht 5 Min., können es beide für diesmal wieder lassen und sich behutsam voneinander lösen. Ohne Sprechen wird der Rollenwechsel vollzogen und die Erfahrung wiederholt. Anschließend können sich beide über die Erfahrung austauschen.

Es empfiehlt sich, diese Erfahrung zeitlich abgesetzt vom Folgenden anzubieten, um ihr Zeit zu lassen, sich zu »setzen«, sie auch im Gespräch ausführlich nach zu besprechen, vor allem, was aufgetretene Unklarheiten und Probleme betrifft. Es ist auf die delikate Balance hinzuweisen zwischen Willenssteuerung und autonomer Steuerung, zwischen bewusst und unbewusst, zwischen Körper und Seele, die den Umgang mit dem Atemrhythmus kennzeichnet. Das Spielerische dieser Umgangsform ist zu betonen, dass es nicht um Können und Leistung geht, sondern um Mitschwingen, geschehen Lassen, ein Spielen mit Rhythmus.

Was den Umgang mit dem Atemrhythmus des andern betrifft, kann vielleicht ein Bild helfen: Wenn Sie jemanden auf der Schaukel in Schwung bringen wollen, nehmen Sie nicht die Schaukel in die Hände und schieben sie vor und zurück. Sie geben einen Impuls von Ihnen weg, lassen den andern schwingen, warten, bis er zurückkommt, und geben genau dann den nächsten Impuls, wenn seine Bewegung wieder umschwingt. Ebenso gehen Sie beim Atemrhythmus ins Ausatmen mit, lassen dem andern Raum zurück zu kommen, sind dabei bei sich selbst und gehen genau dann wieder ins Ausatmen mit, wenn der andere dazu ansetzt.

Besonders achten Sie als aktiver Partner auf die Phasen des Umschwungs, vom Aus- ins Einatmen, vom Ein- ins Ausatmen, schauen, dass Sie da den andern weder einengen noch drängen und unter Druck setzen, sondern sensibel spüren, wie es für ihn läuft. Es muss sich nichts verändern. Ziel ist zu spüren, wie es beim andern geht, wie es dem andern geht.

Bevor die Selbsterfahrung Basaler Kommunikation fortgesetzt wird, kann folgende Erfahrung eingeschoben werden. Sie greift ein Element heraus, das später in die Begegnung integriert werden kann: Den andern in Schwingung zu versetzen.

Erfahrung: Auch diese Erfahrung ist nur gut anzuleiten, wenn der Anleiter selbst sie genau kennt und gut beherrscht. Am besten wird sie zunächst demonstriert, bevor die Teilnehmer es selbst versuchen. Zur Anleitung kann helfen, selbst mit den Händen des andern die Erfahrung an dessen Partner durchzuführen.

Die/der passive Partner/in legt sich auf einer Decke auf den Rücken. Die/der aktive Partner/in kniet/sitzt am Fußende des andern, achtet auf guten eigenen Halt. Über Beobachten der Bauchdecke des andern wird sein Atemrhythmus aufgenommen. Der aktive Partner legt seine Hände unter die Füße des andern, so dass dessen Fersen in den Handtellern liegen, ohne die Füße aktiv fest zu halten

Ins Ausatmen gibt nun der aktive Partner kleine Schwingungen in den Körper des andern: Jeweils ein paar Mal im Wechsel rechts/links Richtung Kopf – beide Seiten gleichzeitig Richtung Füße – seitlich beide Beine parallel. Dabei beobachtet er den Oberkörper des andern, sieht dort, ob die Schwingung ankommt. Die Schwingung wird durch leichtes, rhythmisches »Anstupsen«, Schieben, Ziehen an den Füßen erzeugt, mit relativ wenig Kraft, in recht raschem Rhythmus, einige Male jeweils ins Ausatmen wiederholt, mit dessen Ausklingen wieder gelassen. Die Kunst dabei ist, die Schwingung genau so zu dosieren, dass sie sich mit der Eigenschwingung des anderen Körpers trifft, diesen zum »Aufschaukeln« bringt.

Anschließend Rollentausch, dann Austausch über die Erfahrung.

Ähnliche Angebote lassen sich auch in der Begegnung mit Partnern mit schwersten Beeinträchtigungen einsetzen. Vielleicht bietet sich das beschriebene Vorgehen an, ansonsten kann auch jedes schwingungsfähige Medium genutzt werden – ein Bett, ein Sofa, ein Rollstuhl, eine Luftmatratze oder Airtramp – um den andern über Schwingungserlebnisse zu erreichen und, eingepasst in seinen Atemrhythmus, ihn ganz direkt und persönlich anzusprechen.

Die folgende Erfahrung setzt die an vorletzter Stelle beschriebene fort, in der Basale Kommunikation im engeren Sinn, die Kontaktaufnahme über den Atemrhythmus erfahren wurde.

Erfahrung: Der Anleiter bietet den Teilnehmern an, die vorige Erfahrung von Basaler Kommunikation nochmals aufzugreifen, und überlässt sie weitgehend sich selbst. Als Hilfe für die passiven Partner, nicht zu bewusst aufzupassen was geschieht, ist eine ruhige, möglichst wenig Rhythmus-betonte Hintergrundmusik denkbar. Zuvor hat der Anleiter zwei Wandzeitungen gefertigt und so aufgehängt, dass von jedem Paar ein Exemplar gesehen werden kann, und die er jetzt erläutert. Auf ihnen steht:

Regeln für Angebote:
- Alles ins Aus-Atmen
- Nicht zu oft, später wiederholen
- Zeit lassen zum Nachspüren

Vorschläge:
- Geräuschvoll ausatmen
- Die Arme runter streichen
- Halt anbieten
  - Arme über die Schultern des andern legen
  - Beine am Becken des andern anlegen
  - Füße über die Beine des andern legen
- Feine Schwingungen ...
  - aus den eigenen Schultern heraus
  - aus dem eigenen Po heraus
  - mit den eigenen Knien
- Mit den Armen des andern spielen
- Gar nichts tun
- Für sich selbst sorgen

Erläuterungen zu den Regeln[57]:
Alles ins Aus-Atmen: Wenn ein Angebot eingebracht wird, dann ins Ausatmen. Hier ist der Platz für Entspannung wie für gute Aktion; außerdem ist es der Rhythmus des Partners bzw. der gemeinsame Rhythmus, d.h. er erlebt es als zu sich passend. Allerdings sich nicht unter Leistungsdruck setzen, nicht zwanghaft

---

57   Siehe Fuchs 1984, S. 42 f.

damit umgehen, spielerisch und gelassen bleiben; mit mehr Übung fällt es leichter.

Nicht zu oft, später wiederholen: Angebote sollen möglichst unterschwellig erfolgen und nicht stereotyp werden. Deshalb lieber nicht so oft auf einmal. Wenn sie gut ankommen, besser später wiederholen; wenn der Partner schon Erwartung spüren lässt oder gar beginnt, aktiv mitzumachen, lieber wieder lassen.

Zeit lassen zum Nachspüren: Nicht in Aktionismus verfallen, zwischendurch Zeit lassen, damit sich die Erfahrung setzen kann.

Erläuterungen zu den Angeboten:
Es handelt sich um Vorschläge, die jeder Aktive aufgreifen kann, wann und soweit er will.

Geräuschvoll ausatmen: Mit einem kleinen Geräusch (z.B. Zischen, Brummen; wenn man allein mit dem Partner ist, evtl. auch lautes Tönen) das gemeinsame Ausatmen unterstreichen. Vielleicht verlängert es sich bei einem selbst, vielleicht wird es auch beim Partner länger und gelassener.

Die Arme runter streichen: Mit dem Ausatmen beginnen die Hände bei den Schultern des Partners, streichen mit Druck die Arme entlang Richtung Hände, soweit man kommt. Ohne Berührung zurück zur Schulter, mit dem nächsten Ausatmen wiederholen.

Halt anbieten: Die *Arme über die Schultern* des Partners legen, die Hände auf dem Bauch ablegen, den Kopf des Partners mit dem Oberarm stützen. Die *Beine* fester *am Becken* anlegen. Wenn größere Nähe gewünscht wird und die eigenen Beine lang genug sind, die *Füße über die Beine* des Partners legen, so dass er auch unten umfasst wird. Dabei auf seine Reaktion achten, evtl. es wieder lassen.

Feine Schwingungen: Entsprechend wie in der vorhergehend beschriebenen Erfahrung im eigenen Körper ganz feine Schwingungen erzeugen, die sich auf den Körper des Partners übertragen: In den *eigenen Schultern* Richtung Oberkörper des andern, *im eigenen Po* in Richtung auf seinen Rücken, *mit den Knien* bezogen auf sein Becken.

Mit den Armen spielen: Die Hände unter die Unterarme des Partners legen, mit einem oder mit beiden Armen vorsichtig spielen, mit kleinen, unregelmäßigen Bewegungen der Gelenke ins Ausatmen, sie vom Körper wegbewegen, sie vielleicht neben dem Körper ablegen. Gut auf die Reaktionen des Partners achten, evtl. abbrechen.

Gar nichts tun: Es ist immer auch gut, ohne Aktivität einfach zusammen dazusitzen, den gemeinsamen Rhythmus und die Nähe zu genießen.

Für sich selbst sorgen: Zwischendurch immer wieder nachspüren, wie es einem selbst geht, ob man gut sitzt, sich verspannt, seinen eigenen Halt noch wahrnimmt.

Jedes Paar gestaltet Anfang und Ende der Begegnung selbst, auch den Zeitpunkt des Rollenwechsels, wobei die Aktiven ein wenig darauf achten, wie weit die andern schon sind. Vielleicht bietet sich an, über die Hintergrundmusik ein Zeitmaß vorzugeben.

Danach erfolgt der Austausch erst innerhalb der Paare, dann im Plenum, wobei die eben gemachte Erfahrung das Thema ist, nicht schon ihre Übertragung auf schwer beeinträchtigte Partner.

9.3 Erläuterung

Diese Art, Basale Kommunikation zu erleben (im Schoßsitz bei einander sitzend, der Partner weitgehend passiv), hat sich als günstig gezeigt für die Vermittlung des Vorgehens an eine Gruppe nicht behinderter Menschen, auf eine Art, die verbal vermittelbar ist. Damit ist überhaupt nicht gesagt, dass Basale Kommunikation immer so aussehen sollte, im Gegenteil. *Wenn es lebendige Kommunikation sein soll, wird es mit jedem Partner, in jeder Begegnung wieder anders sein.* Gemeinsam ist der Weg, über den Atemrhythmus mit dem andern in Kontakt zu kommen. In welcher Form, welcher Körperhaltung, welcher Distanz, usw. dies geschieht, ist sekundär.

Es ist auch nicht Absicht Basaler Kommunikation, Entspannung herzustellen. *Es ist primär keine Entspannungsübung.* Wenn sich beide Partner im Kontakt miteinander sicher und wohl fühlen, werden sie sich vermutlich entspannen, weil es zu ihren Gefühlen passt. Haben sie andere Gefühle, werden sie diese erleben, selbst wenn es dabei sehr »spannend« werden sollte. *Ziel ist die Begegnung,* das Erleben: »Ich will mit dir in Kontakt kommen, ich interessiere mich für dich, ich will spüren, wie es dir geht, will dich verstehen.«

Nicht genug betont werden kann der Zusammenhang zwischen Ihrer Bereitschaft, sich selbst in Ihrem Körper bewusst wahrzunehmen, und der Fähigkeit, auch einen anderen auf dieser Ebene zu spüren. Dabei ist der Zusammenhang sicher wechselseitig, das heißt, im Kontakt zum andern können Sie auch sich selbst in Ihrem Körper wieder entdecken. Je besser Sie bei sich sind, Ihren Körper spüren, Ihre Spannung und Entspannung, Ihre Beweglichkeit und Gebundenheit, Ihre Unterlage, Ihren Rückhalt, um so besser kommen Sie in Kontakt zu dem anderen Menschen, spüren ihn und was ihn bewegt. Um diese Grundlagenerfahrung bei sich selbst zu festigen, kann es sehr hilfreich sein, sich auf einen Weg Körper-zentrierter psychosomatischer Selbsterfahrung, Therapie oder Meditation einzulassen.

Abb. 13: Geborgen am Körper des andern.

Wenn Sie *mit einem Partner mit schwersten Beeinträchtigungen* diese Begegnungsform entwickeln wollen, werden Sie zunächst versuchen, sich ganz auf die Ebene seiner Körpersignale einzulassen. Alles, was Sie an ihm wahrnehmen, seinen Atemrhythmus, seine Bewegungen, Laute, Stereotypien, alles, was er tut, können Sie in Ihre Kommunikation aufnehmen, indem Sie darauf reagieren, es nachahmen, es spiegeln, damit spielen. Dabei können Sie – müssen aber nicht – auch mit Sprache kommentieren, was Sie erleben und tun, und sei es nur, um sich selbst klarzumachen, was geschieht.

Anfangs sind diese Begegnungen vielleicht sehr kurz. Kommunikation ist immer ein *Experiment,* bei dem Sie nicht genau wissen, wie es sich entwickelt. Sie werden den andern immer besser kennen lernen und entdecken so auch Möglichkeiten, sich auf ihn einzustellen, bei fortge-

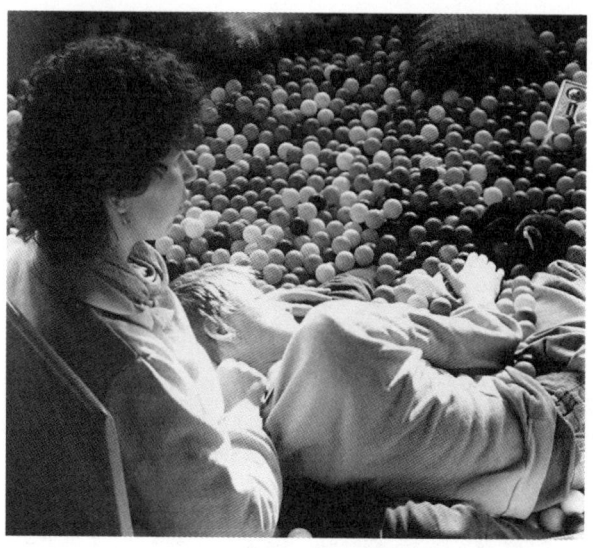

Abb. 14: Sich miteinander wohlfühlen.

setzter, genauer Beobachtung. Dabei erinnern Sie sich immer wieder an sich, *achten auf ihre eigenen Gefühle und Empfindungen,* auch darauf, ob Sie sich unter Leistungsdruck setzen, der zu einer Begegnung dieser Art nicht passen würde.

Es wird Ihnen helfen, wenn Sie mit der Zeit *Weisen körperlicher Begegnung* finden, die Ihnen behagen und auch ihrem Partner gefallen. Ihre Hände, Ihr Körper spüren nämlich viel mehr vom andern, als Sie allein mit dem Verstand vorweg nehmen oder mit den Augen wahrnehmen können, und Ihrem Partner geht es ebenso. Auf irgendeine Art können Sie dabei auch in Kontakt mit dem Atemrhythmus des andern kommen, und so betreten Sie das Feld Basaler Kommunikation im oben beschriebenen Sinn. Wenn es gut geht, wird die Zeit immer länger werden, in der es Ihnen gefällt zusammen zu sein, und immer mehr werden Sie eigene Ideen und Vorschläge in die Begegnung einbringen können, ohne den andern zu überfordern.

9.4 Praktische Anregungen

Folgende Anregungen zur Gestaltung Basaler Kommunikation können Sie kreativ auf die jeweilige Situation, den Partner sowie die eigene Person abstimmen:

- Sich selbst Zeit nehmen (vielleicht 10 bis 30 Minuten). Vielleicht in einen ruhigen, reizarmen Raum gehen, oder beginnen, wo der Partner gerade ist, oder wo sich sein Lieblingsplatz befindet. Sicher stellen, dass man nicht gestört wird und sich uneingeschränkt konzentrieren kann. Evtl. auf eine Matte sitzen, so nahe am Partner, wie er es duldet, gerne hinter oder seitlich hinter ihm. Oft ist es gut, wenn der Partner zwischen den Beinen sitzt, mit dem Rücken gegen einen gelehnt (Schoßsitz). Wenn man kleiner ist, etwas erhöht sitzen. Darauf achten, auch selbst bequem zu sitzen (Kissen oder Keil in den Rücken). Möglichst Regelmäßigkeit sicherstellen.
- Keinen Blickkontakt erzwingen (auch deshalb eher hinter dem Partner oder seitlich von ihm sitzen). Kommt er vom Partner her zustande, ihn vielleicht mit der passenden Emotion erwidern, ihn aber nicht überbetonen. Wenn es den andern oder einen selbst nicht ablenkt, lässt sich seine Mimik auch über einen gegenüber aufgestellten Spiegel beobachten.
- Auf den Atem des Partners achten, seinen Rhythmus wahrnehmen (z.B. Hände auf seinem Bauch, oder einfach ganz genau hinsehen). Sich in seinem Rhythmus einschwingen, so »ver-rückt« er auch scheinen mag. Versuchen, vor allem beim Ausatmen mitzugehen, das Einatmen einfach kommen lassen, ihm Raum geben. Auf Veränderungen im Rhythmus achten. Sich nicht in eine »Schnauferei« hineinsteigern. Geht es nicht locker und flüssig, lässt man es sein und versucht es vielleicht später wieder. Beim Verlust des Rhythmus' gelassen bleiben und warten, bis man ihn wieder findet.
- Ausatmung hörbar machen (z.B. geräuschvoll ausatmen, brummen, summen, tönen, singen). Besonders langes, tiefes Ausatmen lässt sich so unterstreichen, das vielleicht auf ein »Aufatmen« folgt.
- Immer wieder sich selbst beobachten: Wie bin ich? Bin ich ruhig? Verspannt? Wo bin ich verspannt? Geht es mir gut? Keinen Leistungsdruck aufkommen lassen, sich und den Partner lassen, wie man ist.

- Alle aktiven Angebote entsprechend den drei Spielregeln: *»Alles ins Aus-Atmen.«* – *»Nicht zu oft, später wiederholen.«* – *»Zeit zum Nachspüren.«* einbringen.

- Ausdruckselemente des Partners aufnehmen (Ausatmung, Töne, Geräusche, Bewegungen, »Aufatmen«, Seufzen), sie nachahmen, ihm einfühlsam zurück spiegeln, dabei nicht selbst stereotyp werden. Vielleicht mit diesen Ausdruckselementen spielen, Veränderungen anbieten.

- Körperkontakt gestalten: Leib an Leib beim Sitzen; mit der eigenen Hand (oder auch Fuß, Ellbogen, Oberschenkel, ...) den Partner berühren (möglichst ins Ausatmen); ihm rhythmisch (jeweils ins Ausatmen) über Körperteile streichen (Arme, Beine, Kopf, Bauch, Rücken; von oben nach unten, von innen nach außen); stets die Reaktion des anderen wahrnehmen, sich ihr anpassen. Nicht in mechanisches »Bearbeiten« verfallen. – Im Verlauf der Begegnung ihn evtl. seitlich vor sich setzen, damit man sich leichter anschauen kann, besser zu wechselseitigen Interaktionen fähig ist. Mit ihm so sich vor/zurück oder im Kreis wiegen. Ihn vielleicht auch vor sich auf die eigenen Beine legen (mit Kissen oder Decke darunter), um mehr Kontakt zu den Beinen und zum Becken zu haben, auch um Blickkontakt zu ermöglichen, wenn er gesucht wird.

- Auf Schultern, Becken, Wirbelsäule wirkende, ins Ausatmen aus dem eigenen Körper heraus erzeugte, leichte Vibrationen anbieten; Reaktion des Partners beobachten (siehe 9.2).

- Den Partner z.B. an den Schultern, um den Oberkörper herum anfassen, sich mit ihm bewegen, ihn wiegen, neue Bewegungsmöglichkeiten versuchen (vor-zurück, hin-her, im Kreis; gleichmäßig, unregelmäßig, im Atemrhythmus). Mit den Bewegungsimpulsen des Partners spielen (mitgehen, dagegen gehen, verstärken, bremsen).

- Mit den Gelenken des Partners (Finger, Hand, Ellbogen, Schulter; Zehen, Knöchel, Knie, Hüfte; Wirbelsäule, Hals, Kopf) Bewegungs-»Spielraum« erkunden, Grenzen erspüren, Erweiterung versuchen; öffnende, ausladende Bewegungen versuchen. Widerstand respektieren.

- Hinweise für Abwehr und Wohlgefallen sammeln, Abwehrreaktionen sensibel wahrnehmen, flexibel damit umgehen: Evtl. vorübergehend den Kontakt verringern, evtl. auch nicht gleich nachgeben, sondern dem Partner etwas zumuten, ihn spüren lassen, dass man

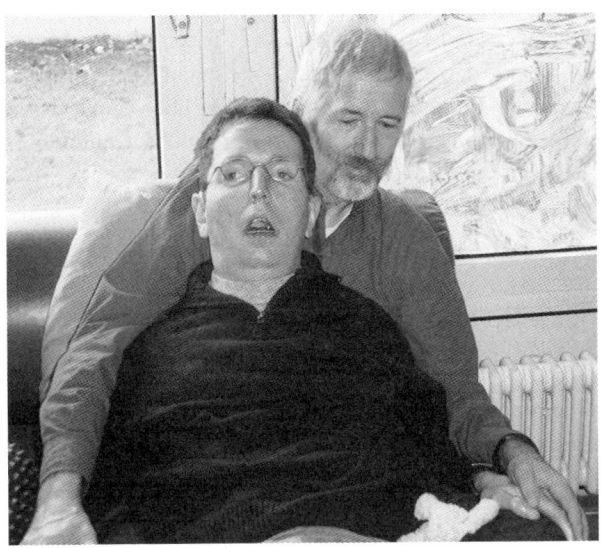

Abb. 15: Auch im Wachkoma ist Begegnung möglich.

etwas mit ihm vorhat, was für beide schön sein soll, dass man selbst Interesse an der Begegnung hat.

- Eher wenig sprechen, und wenn, dann darüber, was gerade aktuell ist: Was man tut, wie man sich fühlt, was man beim Partner erlebt und spürt an Gefühlen und Impulsen. Bei Partnern mit autistischem Verhalten sich möglichst nicht in – oft stereotype – Gespräche verwickeln lassen. Wichtiger ist das Spüren.
- Bei einer großen Person vielleicht zu zweit mit ihr umgehen: Einer sitzt hinter ihr, hat sie im Schoßsitz, lässt sie den eigenen Atem spüren. Der andere ist am Fußende und kann Füße, Beine und Becken erreichen, bezieht sich dabei ebenfalls auf den gleichen Rhythmus.
- Sich zum Abschied behutsam vom Partner zurückziehen, möglichst so lange er noch ruhig und gelöst ist. Ist er noch nicht bereit, haben Sie sich aber dazu entschieden, allmählich die Distanz vergrößern, vielleicht noch mal über Rücken, Arme, Beine streichen. Will der Partner selbst unbedingt aufhören, evtl. noch kurz weitermachen und dann selbst zum Aufhören auffordern. Umgangsprinzip: Liebevolle sensible Aufdringlichkeit, Aufforderung zur Wechselseitigkeit.

Natürlich ist auch immer möglich, dass es Ihnen nicht gelingt, dass Sie eine *Abfuhr* nach der andern ernten. Vielleicht finden Sie in eigener Reflexion, durch Beratung mit andern oder über Supervision heraus, woran es liegen könnte, vielleicht aber auch nicht. Dann können Sie es *nicht erzwingen.*

9.5 Spezielle Hinweise

Basale Kommunikation nach Winfried Mall® bezeichnet eine spezifische Vorgehensweise zum Kommunikationsaufbau mit Menschen mit schwersten Beeinträchtigungen, die nicht über verbale oder sonstige, Symbole benutzende Kommunikationsweisen kommunizieren können: Menschen mit schwerer geistiger Behinderung, mit ausgeprägtem autistischen Verhalten und eingeschränkter Sprechfähigkeit, mit apallischem Syndrom oder mit geronto-psychiatrischen Zuständen im Sinn einer Demenz. Sie kann bei entsprechender eigener Kompetenz für therapeutische Prozesse auch bei Menschen ohne Behinderungen im Sinn einer intensiven psycho-somatischen Selbst- und Partnererfahrung eingesetzt werden, wobei es zu einer überraschenden Dynamik kommen kann, mit der verantwortlich umzugehen ist.

Kennzeichen der Vorgehensweise ist die Nutzung der vielfältigen körperlichen Verhaltensweisen – insbesondere des Atemrhythmus' – der betreffenden Person zur Kommunikation, in dem diese Verhaltensweisen durch das eigene Verhalten aufgegriffen, widergespiegelt oder variiert, oder indem zur Anregung von Kommunikation ähnliche Verhaltensweisen angeboten werden, analog zur Kommunikationsentwicklung in den ersten Lebensmonaten des nicht behinderten Säuglings. Die Vorgehensweise der Basalen Kommunikation wird von Personen mit pädagogischer, psychologischer oder pflegerischer Ausbildung bzw. durch Eltern oder Angehörige der betreffenden Menschen mit Behinderung angewandt. Sie haben das Vorgehen in Seminaren bei dazu autorisierten Multiplikatoren erlernt.

Die Bezeichnung »Basale Kommunikation nach Winfried Mall®« steht unter Markenschutz und darf grundsätzlich nur mit Einwilligung des Autors genutzt werden. Dies gilt insbesondere für das Angebot von Unterrichts- und Fortbildungsveranstaltungen, die die Vorgehensweise der Basalen Kommunikation vermitteln wollen. Deren Verantwortliche müssen als Multiplikator schriftlich autorisiert sein. Um als Multiplikator autorisiert zu werden, wird Erfüllung und Nachweis folgender Voraussetzungen erwartet:

- Mindestens 10 Std. Selbsterfahrung in einer Körper orientierten Therapiemethode (z.B. Funktionelle Entspannung, Konzentrative Bewegungstherapie, Atemtherapie nach Middendorf, Alexander-Technik, Eutonie) bzw. entsprechende Erfahrungen
- Teilnahme an einem Fortbildungsseminar zur Einführung in Basale Kommunikation unter autorisierter Leitung.
- Anwendung von Basaler Kommunikation mit einem Partner, der den genannten Zielgruppen angehört, über mindestens 10 Begegnungen (Nachweis durch Protokolle und Video-Demonstration einer solchen Begegnung), mit Reflexion des Verlaufs.
- Durchführung einer Unterrichts- oder Fortbildungsveranstaltung zur Vermittlung von Basaler Kommunikation, die vor- und nachbesprochen wurde.

Wenn Zweifel an der Eignung der betreffenden Person bestehen, Basale Kommunikation nach Winfried Mall® qualifiziert weiter zu vermitteln, wird die Versagung der Autorisierung als Muliplikator vorbehalten.

10 Vier Begegnungen

10.1 Markus

Ich lerne Markus (8 Jahre – Name geändert) im Rahmen einer Weiterbildung für das Therapeutenteam kennen, das in seiner Region ambulan-
te Förderung und Therapie anbietet. Markus kann infolge einer frühkind-
lichen Hirnschädigung und deren Konsequenzen seinen Körper nur in
ganz kleinen Ansätzen aktiv kontrolliert bewegen. Da er so wenig tun
kann, ist schwer zu erkennen, wie differenziert er sich und seine Umwelt
wahrnimmt. Die Augen wirken oft sehr wach und interessiert, seine
Stimmung meist ausgesprochen fröhlich, er lacht auch gerne. In ent-
spanntem Zustand kann er den Kopf zur Mutter oder zu einer interessan-
ten Geräuschquelle drehen, einen griffigen Gegenstand fest halten, beide
Hände zusammen bringen, sie auch Richtung Mund bewegen. Leicht
erschrickt er sich jedoch, versteift sich und wirft beide Arme seitlich
auseinander. Die Sehnen der Beine sind inzwischen verkürzt, so dass er
die Beine nicht mehr strecken kann, wodurch er viel kleiner wirkt, als er
eigentlich ist. Auf vertraute Personen reagiert er deutlich offener und
fröhlicher als bei Fremden. Es hat aber eher nicht den Anschein, als ob
er Situationen, die er bereits erlebt hat, wirklich wieder erkennt, oder dass
er sich auf bevorstehende, eigentlich bekannte Abläufe einstellen kann.
In der Förderung sind es eher basale Angebote, auf die er mit Interesse
reagiert: Massage, Angebote Basaler Stimulation und natürlich eine
lustvoll gestaltete Physiotherapie.

Im Rahmen des Seminars stellt Markus' Mutter mir ihren Sohn vor,
und ich versuche in Anwesenheit der Mutter, seiner Therapeutin und der
Leiterin des Teams eine ca. 30-minütige Begegnung mit ihm. Dazu habe
ich mir am Boden einen Platz hergerichtet, auf dem ich bequem sitzen
und mich an der Wand anlehnen kann. Die Mutter nimmt Markus aus
dem Rollstuhl und bringt ihn mir. Er ist ihre beherzte und robuste Art
offensichtlich gewohnt, denn er lacht dabei laut. Doch versteift er sich

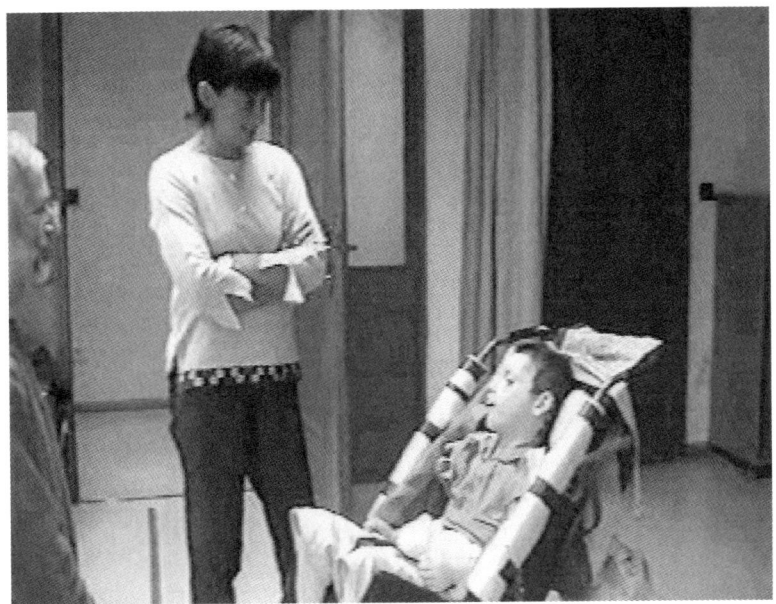

Abb. 16: Begegnung mit Markus

dabei völlig und kann nichts mehr tun, um sich der Haltungsveränderung anzupassen.

Zunächst seitlich auf meinen Schoß halte ich ihn gegen meinen Körper, spreche ihn an, spüre, wie er atmet, spiegele ihm seinen Atemrhythmus mit meiner Atmung zurück. Ich spreche ruhig zu ihm, stelle mich vor, beschreibe die Situation, streiche seinen Arm entlang, seine Finger ergreifen meine Hand. Über diese bewege ich seinen Arm, versuche, ihn im Ellbogen zu lockern, nehme dann seine andere Hand, die näher an meinem Körper ist, und führe sie an meinen Hals und Bart, spreche aus, wer das ist, den er berührt. Ich strecke seine Position etwas, so dass er in mein Gesicht schauen kann, er blickt empor und setzt spontan mit seiner Hand zu einer Greifbewegung nach meinem Gesicht an.

Um ihm den Blickkontakt zu erleichtern, lagere ich ihn in Rückenlage auf meinen Beinen, seinen Kopf auf einem Kissen mir zugewandt, sein Gesäß in Kontakt mit meinem Bauch. Ich streiche seine Arme entlang, nehme seine Hände, lockere sie in sein Ausatmen hinein. Er spürt zwar mein Atmen jetzt nicht mehr so intensiv, kann er mich aber besser sehen.

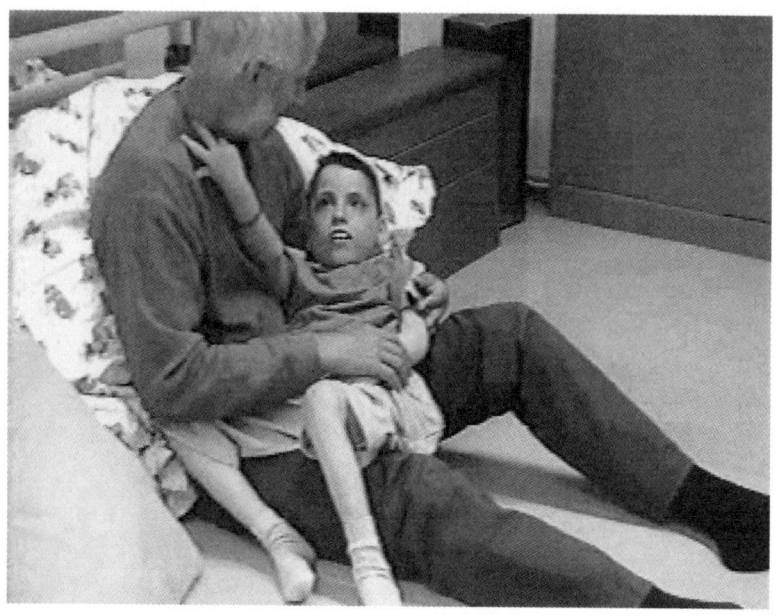

Abb. 17: Markus greift nach mir.

Synchron mit seinem Ausatmen bewege ich seine Arme vorsichtig
zusammen und auseinander, ziehe leicht an ihnen, mit feinen, lockernden
Vibrationen. In sein Ausatmen hinein singe ich ein paar Mal ruhig:
»Hallo – Markus!«

Ich stelle seine Unterschenkel auf, seine Knie gegen meinen Brust-
korb, schaukle leicht seinen Körper auf meinen Beinen, halte dann
wieder locker seine Hände auf seinem Bauch. Er schaut mich ruhig und
entspannt an, ich führe seine Arme zu lockeren Kreisbewegungen. Ein
tiefes Aufatmen beantworte ich mit aufmunterndem Tönen. Ich lege
seine Hände erneut auf seinen Bauch, streiche wiederholt von den
Schultern zu seinen Händen. Als er wieder erschrickt, töne ich beruhigend, streiche weiter über seine Arme, lockere sie, führe seine geschlossenen Hände zu meinem Gesicht, streiche mit ihnen über meinen Bart.
Auf einmal öffnet er die Hände, greift mir an den Bart. Ich kommentiere,
lache ihn an, spiele weiter mit seinen Armen.

Um ihn intensiveren Kontakt zu mir erleben zu lassen, drehe ich ihn
behutsam herum, im Einklang mit seinem Atemrhythmus, bis er im
Schoßsitz mit dem Rücken an meinen Oberkörper lehnt. Zwischendurch

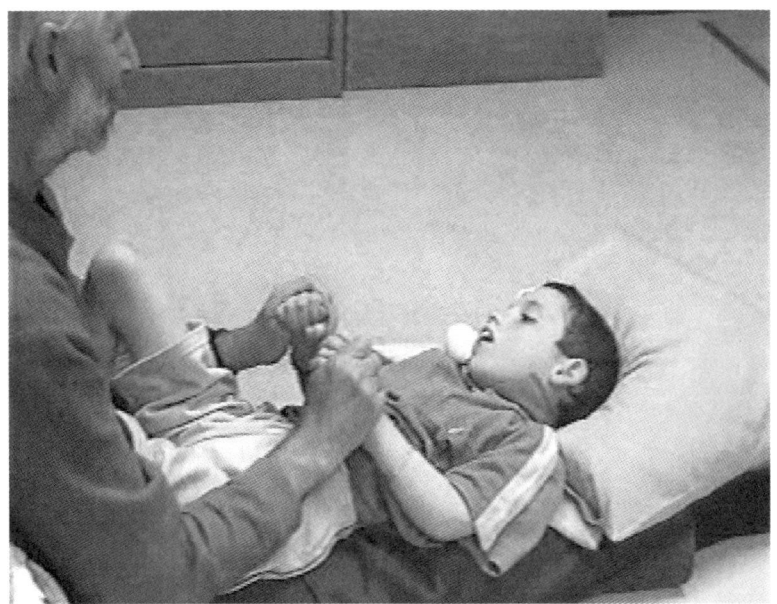

Abb. 18: Ich lockere Markus' Arme..

kommt es wieder zu Blickkontakt, ich spreche ihn ruhig an. Dann sitzt
er ganz geborgen zwischen meinen Beinen eng an meinem Körper,
meine Arme über seinen Schultern, spürt über seinen Rücken intensiv
meine Atembewegung, im Gleichklang mit der seinen, zwischendurch
mit einem gesungenen »Hallo – Markus!« oder einem Brummen in unser
gemeinsames Ausatmen. Ich lege nun seine geöffneten Hände seitlich
auf meine Oberschenkel, lege meine Hände locker darüber. So kann er
in Ruhe eine geöffnete Körperhaltung erleben. Zwischendurch schicke
ich mit einem Ausatmen über meine Oberschenkel eine leichte, lok-
kernde Vibration in seinen Körper.

Ich versuche, seine eng angewinkelten Beine so weit wie möglich zu
dehnen, meine Beine vorsichtig über die seinen gelegt. Zwischendurch
erschrickt er, ich warte, bis die Anspannung wieder nachlässt. Ich lege
meine Hand sanft auf seinen Kopf, er erschrickt erneut. Ich warte, bis er
wieder ruhiger ist, streiche dann fest mit der Handfläche über seine
Haare, Wangen und Arme. Er schaut zu mir empor, ich antworte mit
Sprache und Lauten. Wieder öffne ich seine Arme, lege sie auf meine
Beine, er lässt sie dort liegen, auch mit meinen Armen über seinen Bauch

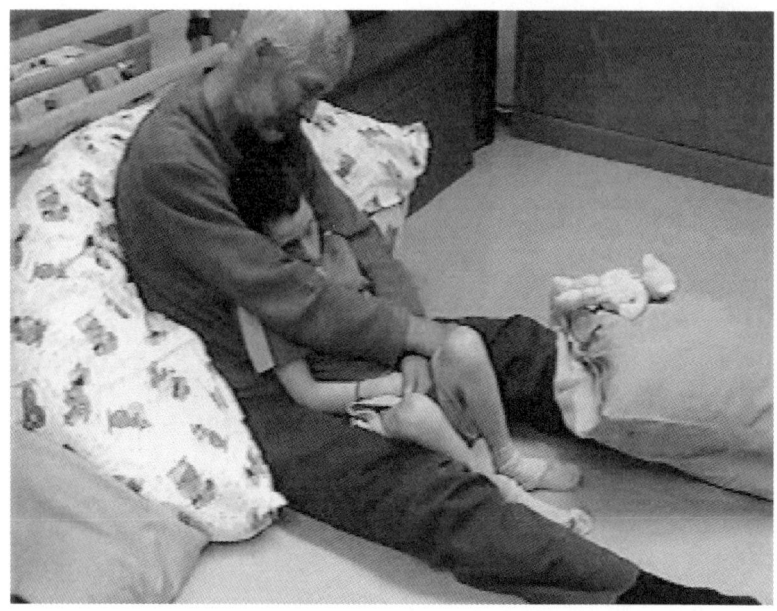

Abb. 19: Geborgen in meinem Schoß

gelegt. Mit einem Lächeln greift seine rechte Hand nach hinten, ich ergreife und bewege sie. Schließlich liegt sie locker auf meiner linken Hand. Er spreizt die Finger seiner linken Hand, ich streiche darüber, er greift meinen kleinen Finger, ich bewege damit seinen Arm.

Markus erweckt damit in mir den Eindruck, mit den Händen greifen zu wollen. Ich halte ihm ein Greifspielzeug aus Holz mit klappernden Kugeln hin, nachdem ich ihn zuvor wieder enger zu mir her gezogen habe. Als seine Arme in seinem üblichen Muster auseinander schnellen, führe ich sie ruhig in die entspannt geöffnete Haltung zurück. Dann greift seine rechte Hand das Spielzeug aktiv, ich führe seine Hände zur Mitte, er schaut erneut zu mir empor, ich kommentiere das Geschehen, begleitet von einem feinen Vibrieren über meine Beine. Ich führe seine Hände zu dem Spielzeug zusammen, bewege sie mit ihm. Er zeigt etwas erhöhte Spannung, lächelt zu mir hoch. Als seine rechte Hand mit dem Greifling nach außen schnellt und an meinen Arm stößt, klappert es. Ich greife dies auf, bewege seine Hand mit dem Greifling und lasse ihn klappern, versuche dann, die Hand zum Mund zu führen. Er sperrt sich dagegen, lächelt aber dazu. Ich führe weiter seine Hände mit dem Spielzeug. Wenn

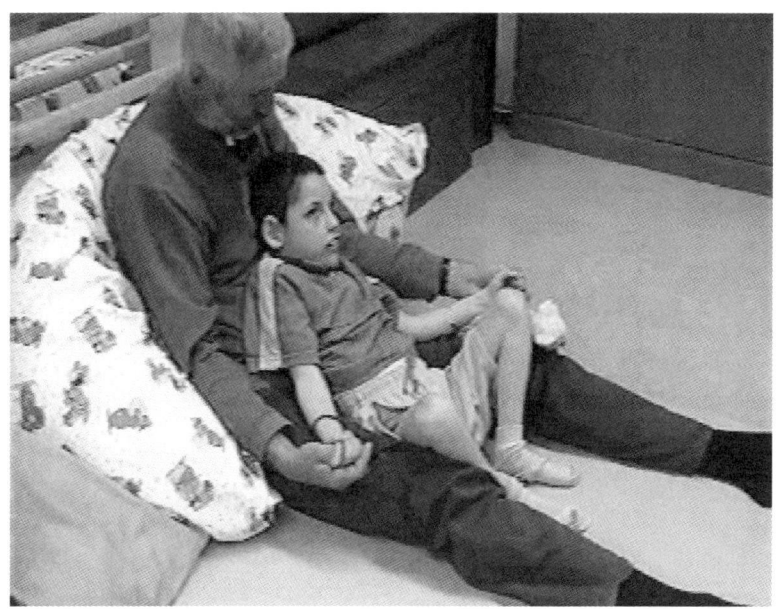

Abb. 20: Offene Haltung

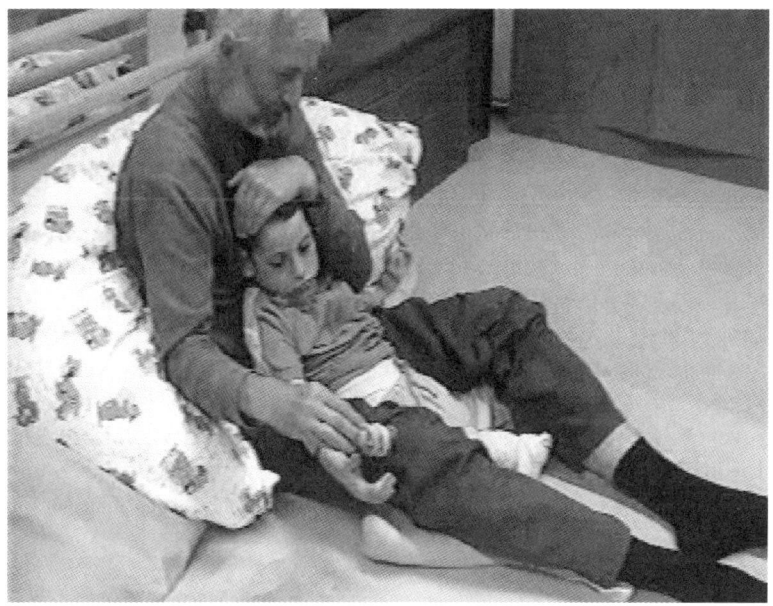

Abb. 21: Markus ergreift das Spielzeug.

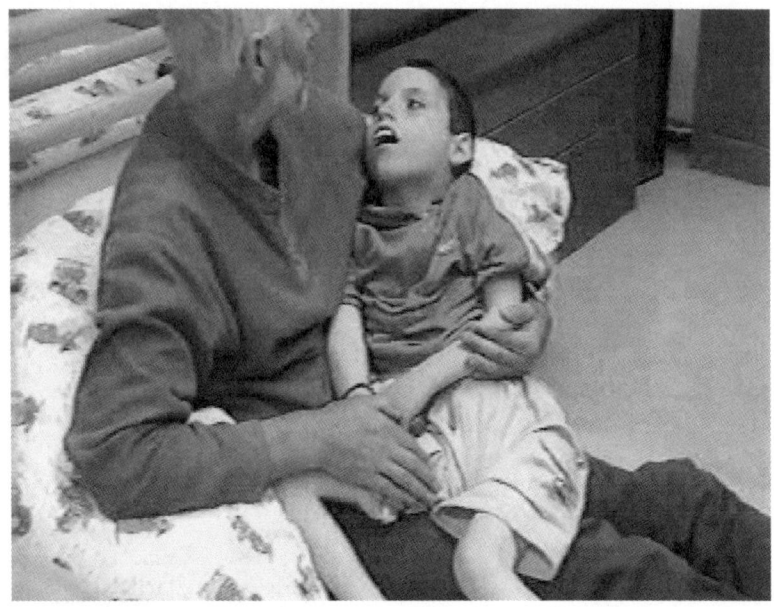

Abb. 22: Blickkontakt

er sich zwischendurch verspannt, antworte ich darauf mit passenden Lauten, drücke seine Arme gegen seine Brust. Er blickt immer intensiver zu mir empor.

Deshalb drehe ich ihn wie zu Beginn so, dass er seitlich vor mir sitzt und mich besser anschauen kann, was ohne Erschrecken gelingt. Als ihm der Greifling aus der Hand fällt, gebe ich ihn ihm zurück, er greift ihn erneut. Ich halte ihn ruhig, atme mit ihm, versuche, ihn meine Entspannung spüren zu lassen. Er lässt mich seine rechte Hand locker über seine Linke mit dem Spielzeug legen, schaut mich intensiv an.

Da das Ende unserer gemeinsamen Zeit naht, kündige ich den Abschied mit meinem gesungenen »Hallo – Markus!« an, ergänzt durch »Auf Wiedersehen – Markus!« Ihn fest an meinen Körper haltend stehe ich behutsam mit ihm auf, setze ihn zurück in seinen Rollstuhl. Kaum sitzt er in seiner Sitzschale und die Mutter spricht zu ihm, als wieder ein fröhliches Lächeln über sein Gesicht geht.

10.2 Andreas

Andreas ist Anfang zwanzig und lebt in einer großen Komplexeinrichtung für behinderte Menschen. Körperlich sieht man ihm seine Behinderung nicht an, doch sein Verhalten fällt sofort auf, und sein Interesse, sich aktiv mit seiner Umwelt auseinander zu setzen, ist sehr eingeschränkt. Man würde ihm wohl stark autistisches Verhalten zuschreiben. Ich begegne ihm im Rahmen einer Weiterbildung über Basale Kommunikation für Mitarbeiter der Einrichtung, als einer der Teilnehmer mir eine ca. 40-minütige Begegnung mit ihm ermöglicht. Der Mitarbeiter ist dabei und bedient die Videokamera, als ich Andreas besuche.

Ich treffe ihn auf einem Sofa im Wohnzimmer der Gruppe an, anscheinend sein Stammplatz. Er sitzt mit über einander geschlagenen Beinen und hält sich mit den Fingern die Ohren zu. Ich setze mich zu ihm und beginne, mit ihm in Interaktion zu treten. Dabei greife ich seine Verhaltensweisen auf – vor allem, wie er sich die Ohren zuhält – ahme es nach, mische mich ein, spiele damit. Ich gehe auch sehr nah an ihn heran, z.T. weicht er dann zurück, worauf ich ebenfalls die Distanz vergrößere. Mehrmals schaut er mich danach um so aufmerksamer an.

Ich versuche gezielt, seine Erwartungen zu unterlaufen, wie er sich vermutlich aufgrund seiner Erfahrungen die Kontaktaufnahme durch einen nicht behinderten Erwachsenen vorstellt. So stelle ich keine Aufforderungen, spreche eher wenig (und wenn, verbalisiere ich vor allem das Geschehen zwischen uns), reagiere sofort, wenn er Ansätze zu Rückzug zeigt, zeige auch in meinen Reaktionen (mit Humor, mit Verbalisieren, mit Entschuldigen, wenn ich ihm zu nah gekommen bin), dass ich ihm nichts aufdrängen, sondern einfach spielerisch mit ihm interagieren will. Um größere Distanz zu meinem Oberkörper, zu Händen und Gesicht zu ermöglichen, lehne ich mich nach einer Weile zurück und lege eines meiner Beine über die seinen. Er schiebt es ein wenig von seinem Bauch weg, lässt es dann aber liegen. Später kehre ich dies um, lege seine Beine über die meinen. Während unseres Kontaktspiels achte ich darauf, immer wieder seinen Atemrhythmus wahrzunehmen, obwohl ich nicht so dicht bei ihm bin wie z.B. im Schoßsitz. Wenn ich ihn anspreche, ihn berühre, leichte Vibrationen oder ein Streichen über Arme, Beine oder Rücken anbiete, bette ich dies in seinen Rhythmus – ins Ausatmen – ein. Ebenso entwickle ich einen »Kontaktruf«, indem ich immer wieder in tiefer Stimmlage auf die gleiche Weise »An-dre-as! Hal-lo, An-dre-as!« singe, auch dies in sein Ausatmen hinein.

Andreas öffnet sich mir immer mehr. Die Finger sind immer seltener in den Ohren, er nimmt öfter Blickkontakt auf, lacht, gestikuliert und zeigt durch den Raum, was ich kommentiere, z.T. aufgreife und nachahme. Er kommt mir immer wieder körperlich sehr nahe, scheint dann aber wieder vor der Nähe zurück zu schrecken. Ich ermuntere ihn, näher zu kommen; als er es wagt, erhöht sich seine innere Spannung offensichtlich so sehr, dass er sich an den Haaren reißen und leicht auf den Kopf schlagen muss. Auch das greife ich auf, massiere seinen Kopf, zupfe auch leicht an seinen Haaren, um ihn so spüren zu lassen, dass ich bei ihm bin und in seinem Erleben mitgehe. Zwischendurch verschließt er sich immer wieder, schaut ungezielt ins Leere, hält sich die Ohren zu. Wenn seine Hand sich mir nähert, er sie dann aber wieder zurück zieht, helfe ich ihm, die Distanz zu überbrücken, auch wenn er es dann doch abwehrt.

Nach einiger Zeit wird Andreas Kontaktwunsch immer offensichtlicher, er kann es sogar kurz zulassen, dass ich seinen Kopf an meine Schulter halte. Allerdings steigt dabei der Pegel seiner freudigen Erregung so sehr, dass ich schon fürchte, er könne seine Gefühle nicht mehr kontrollieren. So bemühe ich mich, die Stimmung nicht noch mehr zu steigern, sondern verhalte mich eher beruhigend und verhalten. Als ich realisiere, dass unsere gemeinsame Zeit allmählich zu Ende geht, nehme ich mich immer mehr zurück, reduziere auch die körperliche Nähe. Andreas scheint dies sofort zu verstehen, denn er zieht sich ebenfalls zurück, hält sich wieder die Ohren zu.

Auf meine Verabschiedung reagiert er eher apathisch, bleibt mit den Fingern in den Ohren sitzen. Anstatt der Hände schüttle ich seine Füße. – Doch als ich mich dann aufrichte und gehen will, bin ich völlig überwältigt: Andreas ergreift meine Hand, zieht mich zu sich her auf seinen Schoß, legt mir die Hand um den Hals und zieht mich nahe an sein Gesicht, beginnt ganz sanft meinen Kopf zu streicheln. Dabei muss er sich wieder kurz schlagen, wohl, um die übergroße Spannung abzuführen. Sein ganzes Verhalten sagt eindeutig: »Ich will nicht, dass du gehst!« Es fällt mir sehr schwer, ihm dies abzuschlagen, aber ich kann nicht bleiben, versuche, ihm dies verständnisvoll zu sagen. Doch auch als ich nach einer erneuten Verabschiedung gehen will, versucht er mich weiter festzuhalten. Schließlich gibt er auf und hält sich wieder die Ohren zu.

10.3 Herr T.

Ich lerne Herrn T.[58] im Rahmen einer einwöchigen Hospitation in seinem Pflegeheim kennen. In jeweils zwei Begegnungen am Tag habe ich versucht, über Basale Kommunikation mit ihm in Kontakt zu kommen. Am Nachmittag des vierten und vorletzten Tages sitze ich wieder hinter ihm auf seinem Bett. Als ich gekommen bin, ist Herr T. nach rechts gedreht gebettet, seine Augen sind offen, die Arme und Hände spastisch abgewinkelt. Es gelingt mir inzwischen immer besser, eine bequeme Position zu finden, bei der Herr T. sich gut an mich anlehnen kann. Bald fließt sein Atem schön gleichmäßig im Zusammenklang mit mir, er schließt die Augen, seinen rechten Arm kann ich behutsam ganz vom Körper weg bewegen und seitlich neben meinem Bein ablegen. Der linke Arm ist nicht so gut zu dehnen, lässt sich aber auch etwas öffnen. Auch der meist links geneigte Kopf lässt sich auf die rechte Seite drehen.

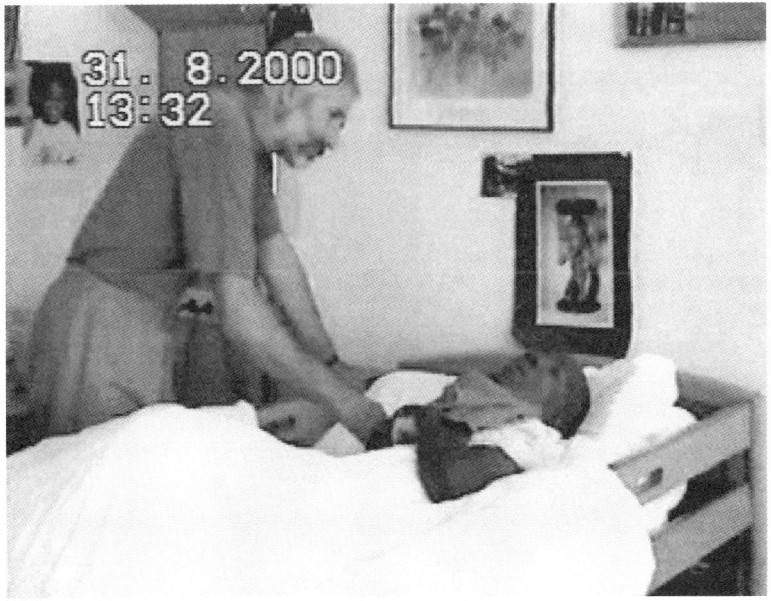

Abb. 23-27: Begegnung mit Herrn T.

58 siehe MALL, 2001 (1).

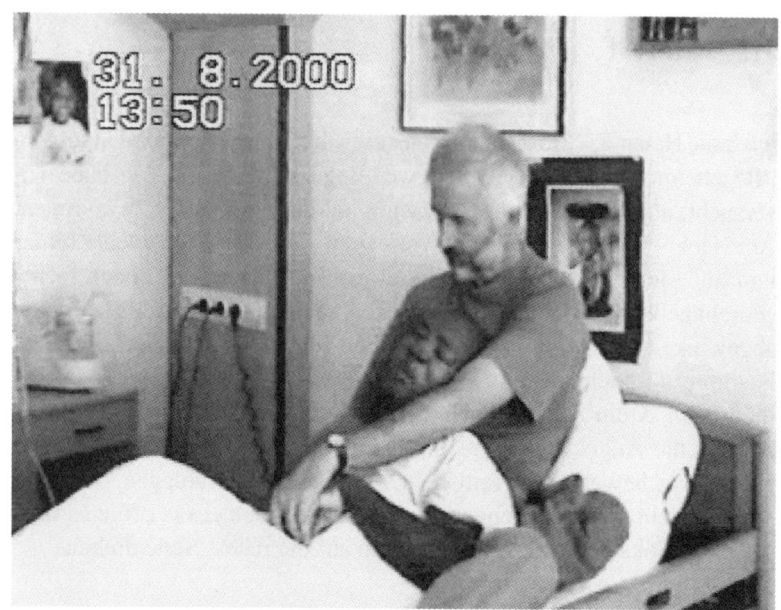

Abb. 24: Der Arm ist spastisch angewinkelt ....

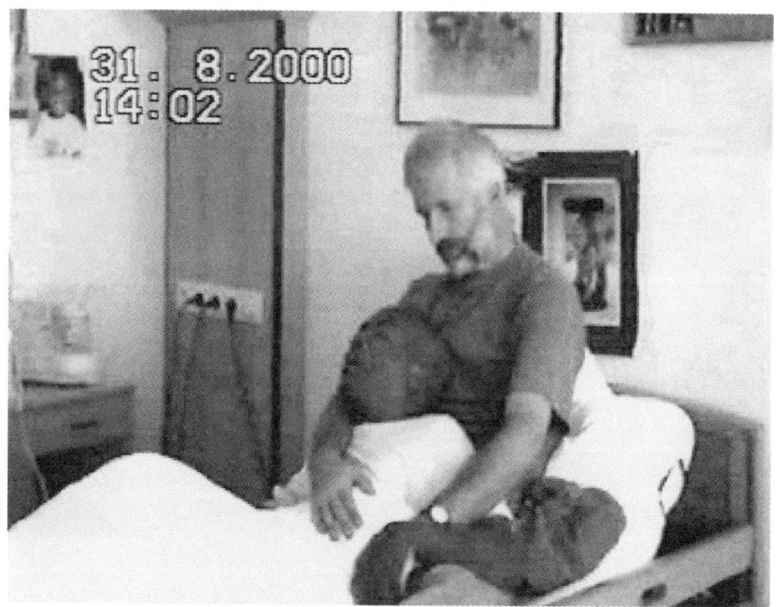

Abb. 25: .... und lässt sich etwas lösen.

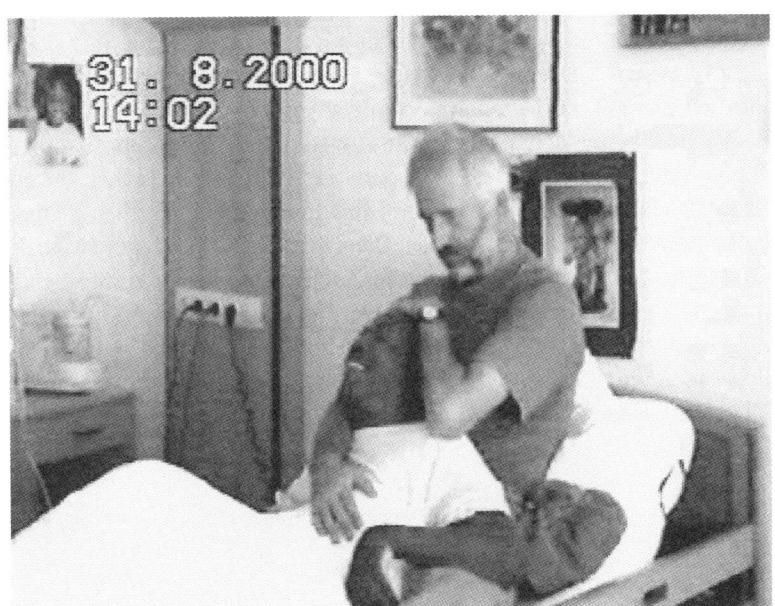

Abb. 26: Ein Lächeln erscheint ....

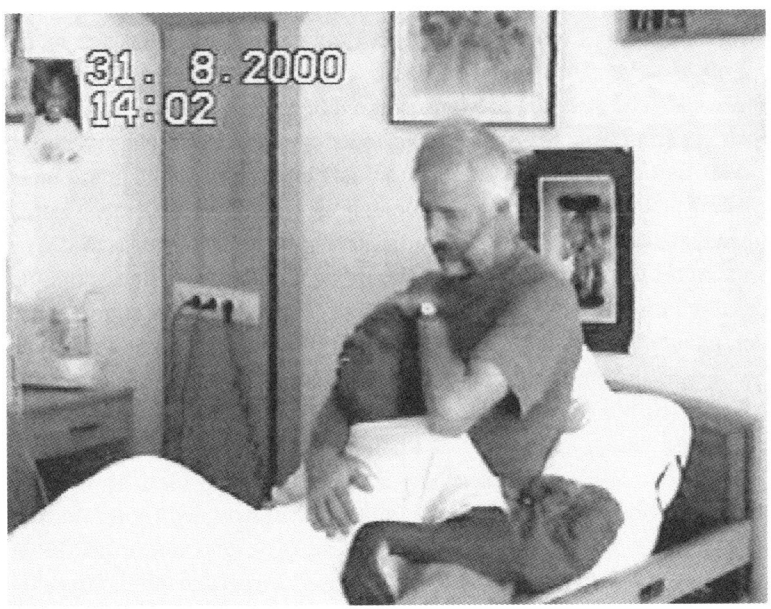

Abb. 27: .... und verklingt wieder.

Eine Schwester kommt in den Raum und reagiert, als sie uns sieht, ganz begeistert: Sie wisse, dass Herr T. so ein Angebot braucht, es tue ihm sichtbar gut, sie habe ihn noch nie so entspannt gesehen. Nach ca. 30 Minuten bemerke ich, dass er die Augen öffnet. Sein Atemrhythmus ändert sich, wird lebhafter. Ich spüre ein Aufleben in seiner linken Schulter, das mich spüren lässt, dass eine Emotion durch seinen Körper geht; spontan denke ich an Weinen. Dann beruhigt sich der Atem wieder, die Augen schließen sich. Als ich mich ein wenig später zurückziehe, meine ich, eine »missmutige« Lautäußerung zu hören. Seine Körperhaltung bleibt jedoch geöffnet. – Wenig später schaue ich die Begegnung nochmals auf Video an und sehe zu meinem Erstaunen: Da, wo Herr T. lebhafter wird und ich eine Emotion zu spüren meinte, geht ein breites, offenes Lächeln über sein Gesicht!

10.4 Frau N.:

Ich stelle mir vor, Frau N.s Tochter konnte bei einem Seminar für Angehörige von Demenzkranken die Umgangsweise der Basalen Kommunikation kennen lernen. Zurück bei ihrer Mutter will sie versuchen, diese spezielle Art, einem Menschen zu begegnen, in den Umgang mit ihr einzubeziehen. Als die Mutter wieder einmal sehr unruhig ist und in ihrem Bett jammert und schreit und aufstehen will, versucht sie nicht mehr einfach, sie durch gutes Zureden zu beruhigen, was meist damit geendet hat, dass sie sich selbst aufregte und ungehalten wurde. Sie setzt sich zu ihr ans Bett, legt ihr die Hand fest auf den Arm, und spricht in das Jammern ihrer Mutter hinein, synchron mit ihrem Atem, in nahezu der gleichen Lautstärke und ähnlichen Tonhöhe, aber mit Ruhe und Sicherheit in ihrer Stimme, wiederholt vielleicht nur die Worte: »Ja, Mutter, ich bin bei dir.« Dazwischen streicht sie in ihr gemeinsames Ausatmen hinein kräftig und deutlich die Arme entlang von den Schultern bis zu den Fingerspitzen oder auch mal über das Gesicht, oder sie spielt nebenbei mit der Hand, den Fingern, dem Arm der Mutter, lockert ihre Gelenke. Vor allem achtet sie darauf, sich von der Unruhe der Mutter nicht anstecken zu lassen, sondern selbst auch körperlich möglichst ruhig und gelassen zu bleiben. Tatsächlich legt sich die Unruhe nach einiger Zeit, die Mutter hört auf zu jammern, entspannt sich, atmet ruhiger.

An einem anderen Tag nimmt sie sich etwas Zeit und holt ihre Mutter aus dem Bett. Sie hat sich das Sofa so zurecht gemacht, dass sie ihre Mutter im Schoßsitz vor sich setzen und sich im Eck der Couch bequem anlehnen kann. Sie zieht die Mutter ganz nah an sich heran, legt die Arme über ihre Schultern, die Hände auf ihren Bauch, bettet ihren Kopf an der eigenen Schulter. Die Beine legt sie eng an das Becken der Mutter. Diese zeigt etwas Unruhe, die sie mit leicht verstärktem Druck ihrer Arme und Beine beantwortet. Sie spürt den leichten, unregelmäßigen Atem der Mutter und versucht, ihn mit ihrem eigenen Atem zu erwidern: Ins Ausatmen der Mutter geht sie mit dem eigenen Ausatmen mit, tönt ab und zu ein wenig dazu oder streicht ihr über die Arme. Oder sie erzeugt in ihrem eigenen Körper – im Gesäß, in den Schultern – während des Ausatmens ganz feine Schwingungen, die sich in den Körper der Mutter übertragen. Auch hier achtet sie beständig darauf, selbst in Ruhe zu bleiben, ihre eigene Unterlage, ihren Halt zu spüren. Nach einer Weile wird der Atem fließender, rhythmischer, gleichmäßiger, und noch etwas später bemerkt sie, dass die Mutter eingeschlafen ist.

Seit sie diese Angebote immer wieder macht, hat sie den Eindruck, dass die Unruhezustände seltener werden, die Mutter auch nachts besser schläft und nicht so viel Beruhigungsmittel braucht. Auch sie selbst fühlt sich zufriedener, weil sie weiß, dass sie die Mutter erreichen und etwas zu ihrem Wohlbefinden beitragen kann.

11 Umgang mit Widerstand

Erfahrung[59]: Sie suchen sich eine/n Partner/in. Beide stellen sich – am besten barfuß – gegenüber. Es muss genügend Platz vorhanden sein.
- Sie fassen sich an den Händen. Jeder versucht, den anderen wegzuziehen.
- Der eine sagt: »Ich bleibe hier!«, der andere: »Du gehst da weg!« Er versucht – wieder an den Händen gefasst – den Partner wegzuschieben. Rollentausch.
- Ebenso, nur schieben Sie jetzt mit der Hüfte.
- Einer umfasst von hinten Oberkörper und Oberarme des andern, hält ihn mit Kraft fest. Der andere versucht, sich zu befreien. Rollentausch.

Nach der Erfahrung von Kraft, die gegen einen anderen gerichtet ist, nun der Einsatz von Kraft zusammen mit anderen:
- Lehnen Sie sich so schräg wie möglich mit der Schulter an Ihren Partner. Gehen Sie so zusammen durch den Raum.
- Sie hocken sich auf den Boden, Rücken an Rücken mit dem Partner. Sie stehen beide zusammen auf, ohne sich aneinander festzuhalten. Dann setzen Sie sich wieder zusammen hin. Das gleiche können Sie zu viert versuchen.

Nun der Einsatz von Kraft für einen anderen:
- Zu zweit tragen Sie einen Dritten (»Rettungsgriff«).
- Sie legen sich Ihren Partner auf den Rücken: Sie stehen vor ihm, fassen seine Arme über Ihre Schultern, gehen leicht in die Knie, dass sein Becken oberhalb Ihres Steißbeines zu liegen kommt, beugen sich mit dem Partner nach vorn. Achten Sie darauf, dass sein Becken gut auf Ihrem Rücken liegt. Der getragene Partner versucht, oben auf dem Rücken liegend sich zu entspannen und das Getragenwerden zu genießen. Rollentausch.

Diese Übungsreihe – der Integrativen Körpertherapie[60] entnommen – kann Sie in Kontakt bringen zu der *Kraft,* die Ihnen zur Verfügung steht. Entsprechende Erfahrungen können auch für behinderte Partner sehr wichtig sein, bei denen das Thema »Kraft« aus Angst vor Aggression allzu leicht *tabuisiert* wird. Vielleicht fördert gerade die mangelnde

---

59 Dies ist eine Übung aus der »Integrativen Körpertherapie« nach BESEMS (siehe VAN VUGT, BESEMS (1985 u. 2001, GLAR, 1997).
60 Siehe VAN VUGT, BESEMS (1985) und dieselben in FRÖHLICH, HEINEN, LAMERS (2001) S. 49 ff.

Erfahrung, wie sich Kraft in angemessenen Formen ausdrücken lässt, unkontrollierte Ausbrüche an Kraft und Aggression.

Immer wieder werden Sie erleben, dass der Mensch mit schwersten Beeinträchtigungen, zu dem Sie Kommunikation und Beziehung aufbauen wollen, *sich dagegen wehrt*, es nicht zulassen will. Allzu nahe liegt dann die Folgerung: »Der/die will gar nicht. Also lasse ich es.« Das kann stimmen, ist aber häufiger ein *Vorurteil*, das es dann endgültig unmöglich macht, etwas an der Beziehung zu verändern. Sie kennen vielleicht aus Ihrem eigenen Leben die Erfahrung, dass das mit dem »Wollen« oft keine eindeutige, sondern eine recht komplexe Sache ist: Ich will (in dieser Hinsicht) und will gleichzeitig nicht (in jener Hinsicht). Ambivalenz ist eher die Regel als die Ausnahme.

Grundsätzlich unterstelle ich jedem Menschen das *Bedürfnis nach Kontakt und Beziehung* zu anderen Menschen. Kaum einer dürfte auf Dauer vollkommen glücklich sein, ohne mit anderen in positiver Kommunikation zu stehen. Es kann aber sein, dass jemand aufgrund leidvoller Erfahrungen für sich – auch unbewusst – den Schluss gezogen hat, lieber auf Kontakt zu verzichten, als sich nochmals der Möglichkeit auszusetzen, enttäuscht und verletzt zu werden. Es ist dann keine Abwägung von Glück gegen Leid, sondern von weniger gegen mehr Leid[61].

Erfahrung: Suchen Sie in Lebensgeschichten von Menschen mit schwersten Beeinträchtigungen nach Erfahrungen, die zu einer solchen Einstellung beigetragen haben könnten.
Haben Sie in Ihrem Leben auch schon derartige Erfahrungen gemacht? Wie sind Sie damit umgegangen?

Zum Umgang mit einer derartigen Ambivalenz helfen wieder keine Rezepte. Folgende Fragen und Überlegungen können vielleicht dazu dienen, *erste Schritte* aus dem Dilemma zu finden, deren Auswirkungen Ihnen dann einen Weg zum andern hin eröffnen könnten:

- Vielleicht erlebt Ihr Partner einen Widerspruch zwischen dem, was Sie in der Begegnungssituation an Nähe fordern, und der Rolle, die Sie sonst in seinem Alltag spielen (z. B. bei einer stundenweisen Betreuung)?
- Sind Sie frei von Leistungsdruck und von selbst gesteckten Zielen, die sich nicht aus Ihrer Beziehung zu dieser Person entwickelt haben, sondern von Ihnen mitgebracht werden?

---

61 Siehe TINBERGEN (1984); siehe auch Annas Geschichte (2.2).

- Sind Sie in der Begegnung ganz bei sich selbst, bei Ihrem Körper, bei Ihren eigenen Gefühlen?
- Sie können sich und dem andern sehr viel Zeit lassen, immer wieder eindeutigen Kontakt anbieten, sich immer wieder zurückziehen, am besten bevor der andere abwehrt, auch wenn es nur Sekunden sind. So lernen Sie ihn immer besser kennen, finden vielleicht auch neue Möglichkeiten, den Kontakt so zu gestalten, dass der andere darauf eingehen kann, und er erfährt, dass Sie ihn nicht überfordern, aber auch nicht gleich den Kontakt wieder abbrechen, dass Sie wirklich an ihm interessiert sind und um ihn werben.
- Beobachten bzw. erfragen Sie, wie es andere machen, die Ihren Partner vielleicht schon länger kennen, oder die Erfahrungen mit ähnlichen Schwierigkeiten haben.
- Sie können immer wieder unterstreichen, wie wichtig Ihnen der andere und der Kontakt mit ihm ist. Sagen Sie ihm: »Es liegt mir an dir!« Das drückt sich körperlich in ihrem Verhalten ihm gegenüber aus: Sie kommen immer wieder; Sie fassen den andern an, umarmen ihn kurz oder streicheln ihn; Sie suchen Dinge und Erfahrungen zu vermitteln, die dem andern gefallen könnten; Sie machen sich für den andern interessant; usw. Dabei achten Sie genau darauf, sich der Grenze zur manifesten Abwehr zwar immer wieder anzunähern, sie aber möglichst nicht zu überschreiten.

Grundlegend ist Ihre Überzeugung, dass *Kontakt möglich* ist, und dass der andere darauf eingehen wird, wenn Sie sein Vertrauen gewonnen haben. Sobald Sie resignieren, wird es der andere merken und sich in seinem Widerstand und Rückzug bestätigt fühlen.

Dennoch werden Sie erleben, dass es Ihnen bei manchen Personen *nicht gelingen* wird, eine Beziehung aufzubauen. Dann wäre es wenig hilfreich, dies als eigenes Versagen oder als Übelwollen des Partners zu bewerten. Es wird *gute Gründe* dafür geben, dass es für Sie und ihn, in Ihrer gemeinsamen Situation, nicht möglich war, sich näher zu kommen, und oft können Sie diese auch erahnen. Doch selbst dann könnte Ihr fortgesetztes Bemühen um den andern bei ihm einen neuen, positiven Eindruck hinterlassen haben, ebenso Ihre *Trauer* darüber, dass Sie sich nicht nähergekommen sind, wenn Sie ihm diese vermitteln können.

Häufiger jedoch wird sich im Laufe der Zeit doch ein Weg finden, auf dem der andere seinen Widerstand immer mehr lassen und *Vertrauen zu Ihnen aufbauen* kann. Es wird vielleicht kein absolutes Vertrauen wer-

den, doch wird schon ein Weniges neue Entwicklungsschritte eröffnen
können. An Ihnen liegt es dann allerdings, dieses Vertrauen nicht erneut
zu enttäuschen, indem Sie *verantwortlich* mit Ihrer gemeinsamen Beziehung umgehen:

- Achten Sie auf *Kontinuität.* Auch wenn es Unterbrechungen geben
  wird, ist das Erleben gut, dass Sie immer wieder zurückkommen.
- Gehen Sie deutlich mit den *Grenzen* Ihrer Beziehung um: Z.B. stellen
  Sie bei einer stundenweisen Betreuung klar, wann Ihre Begegnung
  anfängt, und wann sie beendet ist; als Betreuer in der Wohngruppe
  machen Sie deutlich, dass Sie sich auch um andere kümmern müssen,
  und wann Sie für ihn Zeit haben; wenn der andere Ihnen wehtut,
  zeigen Sie ihm eindeutig, dass Sie das nicht hinnehmen; usw.
- Wenn Sie die Beziehung *beenden* müssen (z. B. bei Stellenwechsel;
  durch Umzug des Partners), tun Sie das klar und offen. Gestalten Sie
  den Abschied angemessen, lassen Sie auch die Trauer darüber zu, bei
  sich selbst und beim andern. Wenn Sie dann später den andern wieder
  treffen, zeigen Sie klar, wie Ihre Beziehung jetzt aussieht, um Verwirrung zu vermeiden

12 Gestalten körperlicher Begegnung

Erfahrung: Reflektieren Sie für sich, oder tauschen Sie sich mit andern darüber aus, wie es Ihnen bei den vorausgegangenen Erfahrungen zur Körperselbsterfahrung, zur Massage und zur Basalen Kommunikation ging, mit den Stichworten »Erotik« – »Sexualität« im Hintergrund.

Vor unserem kulturellen Hintergrund sind wir erzogen worden, jeder körperlichen Begegnung unter Erwachsenen oder auch mit größeren Kindern, die nicht unsere eigenen sind, genital-sexuelle Absichten zu unterstellen. Die Unterschiede zu anderen Kulturen, in denen Umgangsweisen wie Umarmung, Kuss, Streicheln, usw. in viel breiterer Weise üblich sind, kennen wir, tun uns selbst aber meist dennoch schwer, uns von unseren überkommenen Normen zu lösen. Das führt oft zu einer voreingenommenen Sichtweise, die das gesamte Spektrum körperlicher Begegnung einengt auf wenige Beziehungsformen wie die zwischen Mutter und Baby, oder die feste Zweierbeziehung zwischen Frau und Mann. Der gute Sinn solcher Normen soll hier nicht bestritten werden. Gerade im Zusammenleben mit Menschen mit schwersten Beeinträchtigungen jedoch, zumal in beruflichem Rahmen, können sie in ihrer Unflexibilität Möglichkeiten zu Begegnungen, Entwicklung und Förderung verhindern.

Dabei ist selbstverständlich wichtig, für sich selbst – vielleicht im Rahmen von Supervision – Klarheit zu schaffen, was »ich selbst davon habe«, wenn ich mich auf so körpernahe Begegnungen einlasse. Geht es mir wirklich in erster Linie darum, dem Gegenüber die Erfahrung von Kommunikation, von wechselseitigem Austausch zu vermitteln, oder suche ich eigentlich mir selbst in der beruflichen Situation einen Ersatz für Nähe, die ich vielleicht in meinem Alltag vermisse, oder zu der ich möglicherweise bei nicht behinderten Partnern gar nicht fähig bin? Dann wäre die Grenze zum Missbrauch des behinderten Partners überschritten.

Es geht darum, so *verantwortlich* wie *unvoreingenommen* in jeder Begegnung genau hinzusehen: Wie erleben Sie sie wirklich? Passt das, was Sie erleben, zu der Beziehung, die zwischen Ihnen und Ihrem Partner besteht, wie auch zur gemeinsamen Situation, zum Rahmen, in dem die Begegnung stattfindet? Sind Widersprüchlichkeiten spürbar, welcher Art? So lassen sich pragmatisch *unterschiedliche Gestalten körperlicher Begegnung* beschreiben, die sicher fließende Übergänge aufweisen, sich aber dennoch deutlich voneinander abheben und so vielleicht Orientierung erleichtern.

12.1 Begegnungsgestalten

12.1.1 Sachliche Zweckbeziehung

In der einen Gestalt ist Körperkontakt bestimmt durch einen *sachlichen Zweck:* Mit dem andern ist etwas Bestimmtes zu tun, das Körperkontakt erfordert: Nahrungsaufnahme, Körperpflege, medizinische Untersuchungen, auch Massage oder Krankengymnastik, wenn sie in einer un-dialogischen Weise durchgeführt werden. – Entsprechend verhalten sich manche behinderten Partner, die ihr Gegenüber als »*Werkzeug*« zur eigenen Bedürfnisstillung gebrauchen. Die offene Begegnung zweier Personen scheint hier nicht gemeint. Die Rollenverteilung ist eindeutig und asymmetrisch und *nicht wechselseitig* austauschbar. Die Art des Kontakts orientiert sich am verfolgten Zweck.

12.1.2 Begegnung mit einseitig verteilten Rollen

In einer andern Gestalt steht die *Begegnung* im Mittelpunkt, die Absicht, den andern in seiner Person zu erleben, mit ihm zu tun zu bekommen. Zwar sind auch hier die Rollen unterschiedlich verteilt, jedoch sehr *fein aufeinander abgestimmt.* Der Austausch zwischen Eltern und Baby lässt sich hier sehen, und auch viele Begegnungen zwischen Menschen mit schwersten Beeinträchtigungen und ihren Begleitern in Pflege und Betreuung. Ebenso können in dieser Gestalt *geregelte Begegnungsformen* auftreten wie Massage, Krankengymnastik, Bewegungstherapie oder Basale Stimulation, wenn sie sich wohl an relativ schematisierte Abläufe

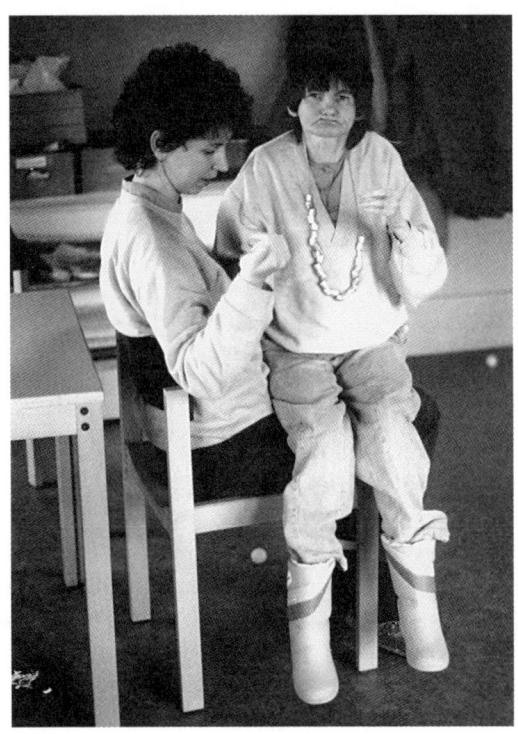

Abb. 28: Körperliche Begegnung.

halten, dabei aber die Kommunikation mit dem Partner suchen und auf ihn und seine Äußerungen eingehen.

12.1.3 Begegnung in begrenzter Wechselseitigkeit

In einer weiteren Begegnungsgestalt wird die Wechselseitigkeit selbst thematisiert, wenn der gestaltende Partner zum Rollentausch einlädt, oder wenn – je nach Umständen – der beeinträchtigte Partner selbst die Initiative ergreift und die Begegnung zu gestalten beginnt.[62] Indem der

---

62 Bei Menschen mit autistischen Verhalten ist hier erhöhte Sensibilität für wirkliche Wechselseitigkeit geboten. Sonst kann es geschehen, dass der Partner einseitig die „Führung" übernimmt und das neue Angebot in ein weiteres seiner autistischen Schemata überführt, auf dessen Gleichförmigkeit er besteht, und dessen Veränderung er zwanghaft ablehnt.

andere aktiv auf meine Äußerungen eingeht und sich so selbst mitteilt (z.B. mimisch klar reagiert, Blickkontakt sucht, ein Streicheln erwidert), gewinnt der Dialog auf Körperebene eine neue Qualität.

12.1.4 Begegnung in offener Wechselseitigkeit

Und schließlich ist da die Gestalt von Begegnung, deren *Grenzen von Offenheit und Nähe prinzipiell offen* bleiben. Auf der Basis partnerschaftlichen Wechselseitigkeit sind alle Umgangsweisen „erlaubt", die beiden Partnern gefallen. Allerdings dürften die meisten Menschen darin übereinstimmen, dass eine derart dichte Beziehung in guter Weise nur zu jeweils einem Menschen möglich ist, und sie den Wunsch weckt, sie über die körperliche Begegnung hinaus auf den gesamten Lebensbereich der Partner auszudehnen bis hin zu einem Zusammenleben über längere Zeit.

Erfahrung: Versuchen Sie für sich oder mit anderen, konkreten Begegnungserlebnissen mit Partnern mit schwerster Beeinträchtigung die beschriebenen Gestalten zuzuordnen (Kriterien: Art der Rollenverteilung und der Wechselseitigkeit, Begegnungsformen, Grenzen).

12.2 Praktische Umsetzung

Begegnungen mit Menschen mit schwersten Beeinträchtigungen finden auch heute noch allzu oft in der zuerst beschriebenen Gestalt des *sachbezogenen Umgangs* statt: Man tut etwas mit ihnen, weil »es getan werden muss«, auf eine Weise, wie »man es halt so macht«, wäscht, wickelt, füttert, be- und entkleidet, behandelt, beturnt, »fördert« und aktiviert sie. – Ebenso kommt es bei diesen Menschen vor, wenn sie von Mobilität und Intelligenz her die nötigen Voraussetzungen haben, dass sie selbst ihre Begleiter wie *Instrumente* zur Verfolgung ihrer Interessen und Bedürfnisse zu benutzen suchen. Den andern als Partner anzuerkennen, sich auf ihn als Person zu beziehen, ihn kennen zu lernen, sich auf ihn einzustellen, seine Interessen zu berücksichtigen, das alles spielt dabei eher keine Rolle.

Versuche, im Zusammenleben und -arbeiten mit Menschen mit schwersten Beeinträchtigungen zu partnerschaftlicher Begegnung zu

Abb. 29: »Anruf«

kommen, werden sich in der Regel überwiegend in der Gestalt abspielen, die von der *Bereitschaft zur Kommunikation* bestimmt ist, aber auch von der *relativ festen Rollenverteilung* und begrenzter Wechselseitigkeit. Oft hat der andere schon große Mühe, mich als eigenständigen Partner zu erkennen, aktiv auf mich zu antworten, sich mir anzupassen. Auf dem Hintergrund seiner Lebensgeschichte und seiner kognitiven und/oder körperlichen Möglichkeiten ist das meist gut nachzuvollziehen. Es liegt dann zunächst an mir, Kommunikation ermöglichen, indem ich *mich dem andern* anpasse, seine Bedürfnisse einbeziehe, seiner Aktivität Raum verschaffe.

Wenn eine Beziehung gewachsen ist und mit ihr beidseitig Vertrauen und Offenheit, auch indem immer wieder gezielt der mögliche Rollentausch ins Spiel gebracht wird (z. B. ganz praktisch durch Tausch der Sitzpositionen, Handführung, evtl. mit Hilfe eines Dritten), kommt es vielleicht – je nach den jeweiligen Umständen – zu ersten Momenten der *Wechselseitigkeit*. Der andere erlebt, dass seine Aktivität wichtig ist und einbezogen wird. Hier gewinnt die Gestalt von Begegnung Raum, in der sich die Rollenverteilung aufhebt, aber in einer beruflichen Beziehung bezüglich Nähe und Intimität weiterhin angemessene *Grenzen* klar eingehalten werden.

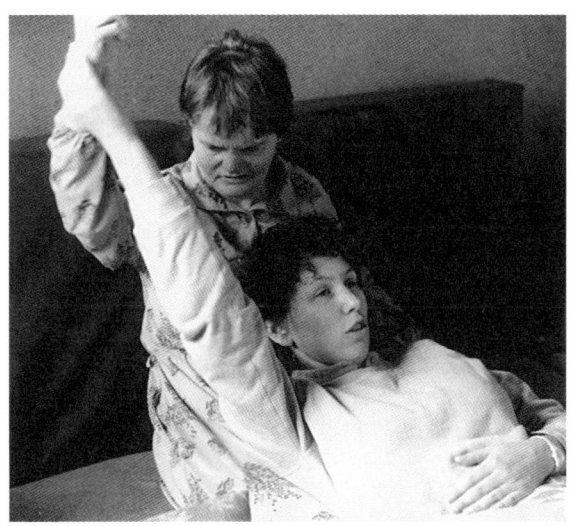

Abb. 30: Vertauschte Rollen.

Die oben zuletzt beschriebene Begegnungsgestalt der offenen Wechselseitigkeit wird im Zusammenleben und -arbeiten mit Menschen mit schwersten Beeinträchtigungen im Rahmen beruflicher Betreuung (Arbeitsverhältnis, Abhängigkeit, begrenztes Engagement) ausgeschlossen bleiben. Weder dürfte der beeinträchtigte Partner in der Regel fähig sein, den andern auf solch umfassende Art als Gegenüber wahrzunehmen, noch wird der berufliche Begleiter in ihm einen entsprechenden Partner sehen.

12.3 Sexualität

Genital bezogenes sexuelles Verhalten kommt bei den beschriebenen Begegnungsformen von Seiten des Partners mit schwerster Beeinträchtigung eher selten ins Spiel. Es kann sein, dass eine Person mit geistiger Behinderung oder autistischem Verhalten infolge einer differenzierteren Wahrnehmung seiner selbst und seines Körpers diesen Erlebnisbereich für sich entdeckt und *sich selbst zu stimulieren* beginnt. Dann kann es Aufgabe sein, ihm zu zeigen, wo und in welchem Rahmen diese Erleb-

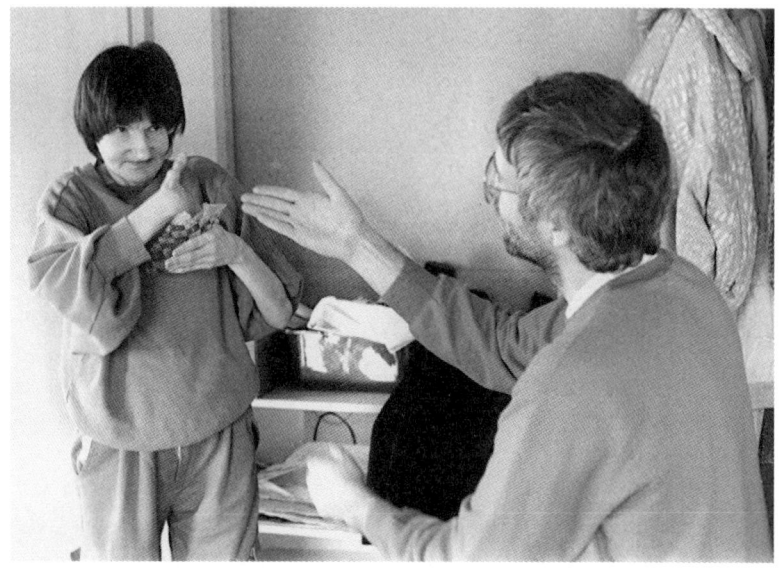

Abb. 31: Wechselseitigkeit: »Erst klatsche ich auf die Tüte, ...«

nisse ihren Platz haben, ohne andere zu stören (z. B. im eigenen Zimmer oder Bett).

Nimmt hingegen die Selbststimulation im Genitalbereich einen übergroßen Raum ein, ist auch zu prüfen, ob sich für diesen Menschen vielleicht sein *körperliches Selbsterleben* zu sehr auf diesen Bereich *eingeschränkt* hat. Dann kann versucht werden, sein Empfinden auch auf andere Körperregionen auszuweiten, z. B. durch Massage, die den ganzen Körper einbezieht. Auch kann der Betreffende sich schlicht isoliert und gelangweilt fühlen oder wenig andere Möglichkeiten kennen, Spannung loszuwerden.

Beginnt der beeinträchtigte Partner, den anderen als *Instrument* für seine Selbststimulation zu benutzen, wird klarzustellen sein, dass dies den gegebenen Rahmen sprengt und auch nicht den eigenen Absichten bei der Begegnung entspricht. Vielleicht ist es nötig, wieder mehr Distanz herzustellen, sehr körpernahe Begegnungsformen einzuschränken oder sogar ganz zu meiden. Vielleicht genügt aber auch schon, ganz klar die eigenen Grenzen zu betonen, vielleicht finden sich auch andere, weniger körpernahe Kommunikationsformen.

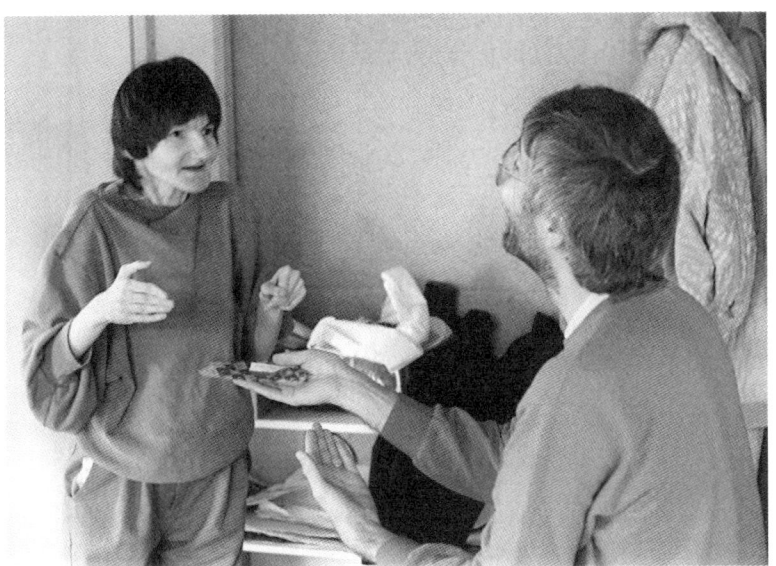

Abb. 32: .»... dann du.«

Entsprechend stellt sich auch dem nicht behinderten Partner die Aufgabe, *sich selbst,* seine eigenen Bedürfnisse und Grenzen zu *beobachten,*
um dann den Begegnungsrahmen entsprechend zu gestalten. Dazu gehört
notwendig, diese Umgangsformen nur in *Abstimmung* mit Kollegen,
Vorgesetzten, Eltern, usw. zu entwickeln, um Missverständnissen und
Konflikten vorzubeugen.

13 Wie geht es weiter?[63]

Erfahrung: Reflektieren Sie für sich oder in der Kleingruppe folgende Fragen:
- Wie erwarten Sie, dass sich das, was Sie beim Durcharbeiten dieses Werkheftes erfahren haben, auf Ihr Zusammenleben mit Menschen mit schwersten Beeinträchtigungen auswirken wird?
- Welche Fragen. welche Probleme sehen Sie auf sich zukommen? Wie könnten Sie damit umgehen?
- Welche Chancen könnten sich eröffnen?

Wenn Sie sich im Zusammenleben und -arbeiten mit Personen mit schwersten Beeinträchtigungen neu auf eine kommunikative Begegnung einlassen, wird dies in jedem Fall *ein echtes Abenteuer* sein. Es lässt sich im Voraus nicht sagen, wo es hinführen wird, es gibt *keine festen Regeln*, an die Sie sich halten könnten. Damit geben Sie die vermeintliche Sicherheit von Lehrplänen, Zielkatalogen, Therapie- und Förderprogrammen endgültig auf, sofern sich deren Inhalte nicht erneut aus der Beziehung heraus als aktuell und notwendig erweisen, und Sie wenden sich in wirklich offener Begegnung ihrem Partner zu.

Im Gegenzug kann sich *neue Freiheit* eröffnen, für Sie und Ihr Handeln, aber noch viel mehr für Ihren Partner. Indem er seine Ausdrucksversuche beantwortet sieht, so unbeholfen und diffus Sie sie zunächst auch erleben mögen, indem er, seine Verhaltensweisen, seine Erstarrungen, Einschränkungen und Zwänge auf einmal akzeptiert und in einen neuen, kommunikativen Rahmen gestellt sind, wird er eventuell Freiheitsgrade entdecken, sich zu öffnen, sich zu ändern, neues Verhalten zu zeigen, vielleicht sogar neue Interessen zu entwickeln. Selbst bei älteren Menschen mit schwerer geistiger Behinderung oder stark autistischem Verhalten erstaunt immer wieder, wie viel Bereitschaft zu Veränderung und Wachstum zum Vorschein kommt, wenn es ihnen auf der Basis einer erlebbar akzeptierenden Beziehung zugetraut wird.

Überraschen darf dabei nicht, wenn bei diesen Menschen neue Entwicklungsschritte auch zu *neuen Konflikten* führen, denn *neue Freiheit*

---

63   Siehe auch MALL (1993).

stößt auf neue Grenzen. Sie sind zum Teil vorgegeben, zum Teil müssen sie gemeinsam – oft mit großer Mühe – erlebt und erarbeitet werden. Damit gelingt Ihrem Partner zugleich auch der Schritt aus der Symbiose in Richtung Selbstbestimmung. Ziel ist die *Beziehung zwischen autonomen Personen,* die als Partner zusammen leben und arbeiten. Auf der zwischen Ihnen entstandenen, kommunikativen Basis, zu der Sie im Bedarfsfall immer wieder zurück kehren, können dann solche Konflikte – oder auch andere Krisen – konstruktiv durchlebt werden.

Verschieden davon ist die Situation bei Menschen im Wachkoma. Hier muss wohl meist offen bleiben, wie weit die hirnorganischen Verhältnisse die Entwicklung neuer Möglichkeiten zulassen, und es ist deshalb um so wichtiger, sich selbst und den Partner nicht unnötig unter Veränderungsdruck zu setzen. Es ist sicher falsch, die Hoffnung auf ein Heraustreten aus der Lebensweise des Wachkomas ganz auszuschließen, jedoch hat es auch keinen Sinn, sich darauf zu versteifen. Vielleicht ist eine Einstellung geboten, die dem Partner ein realistisches Optimum an Pflege, Betreuung, Kommunikation und Förderung anbietet, es aber letztlich ihm überlässt, was er daraus machen kann. Dahinter steht die Überzeugung, dass auch ein Mensch im Wachkoma letztlich »Akteur seines Lebens und seiner Entwicklung« ist und letztlich niemand für ihn entscheiden kann[64].

Entsprechendes gilt wohl auch für alte Menschen in Demenz, bei denen es ebenfalls nicht mehr primär um die Anregung von Entwicklung, sonder meist eher um den Erhalt verbliebener Kompetenzen und oft vor allem um die einfühlsame Begleitung in ihrer Lebensphase geht.

Kommunikation beginnt, wenn ein Mensch erlebt: Mein Partner versteht meine Verhaltensweisen als Ausdruck meiner selbst, nimmt sie auf und reagiert darauf angemessen, antwortet mit einem passendem Verhalten – gleich, ob es sich um eine sprachliche Stellungnahme zu einem Thema handelt, um eine verbale Bitte, eine Geste, eine mimische Äußerung, einen Laut, eine Stellungsveränderung, ein Muskelzucken oder »lediglich« ein Aufatmen. Menschen mit schwersten Beeinträchtigungen und ihre Bezugspersonen haben oft große Mühe, diese Abstimmung aufeinander zu erleben, weshalb in diesem Buch Möglichkeiten beschrieben werden, hier zu einem neuen Anfang zu kommen, der wieder da anknüpft, wo vielleicht bald nach – manchmal vielleicht sogar schon vor – der Geburt die Entwicklung abgerissen oder wo sie durch den

---

64 Siehe LIPP, SCHLAEGEL (1996).

Einfluss von traumatischen Ereignissen, Krankheit oder Alter wieder angelangt ist. Durch diese grundlegenden Kommunikationserfahrungen erlebt ein Mensch sich in Bezug zu seiner Umwelt, und dass er Einfluss auf sie hat. Damit schafft er sich eine Basis, auf der sich sein Verhalten gemäß seinem körperlichen und geistigen Potential immer weiter ausdifferenzieren kann. Entsprechend den Themen der sensomotorischen Lebensweisen[65] nehmen seine Kompetenzen vielleicht immer mehr an Komplexität zu, und der eigene, aktiv-gezielte Anteil an gelingender Kommunikation wächst:

- Er erlebt, wie seine eigenen vitalen Bedürfnisse (Sicherheit, Nahrung, Wärme, Sauberkeit) zuverlässig und angepasst befriedigt werden.
- Er erlebt seine eigenen Äußerungen (Mimik, Laute, Bewegungen, Rhythmen) von den Bezugspersonen widergespiegelt und als Vertrautes erkannt, das von außen zu ihm zurückkommt.
- Er erlebt, wie seine eigenen Kompetenzen in Bewegung und Selbststeuerung zunehmen und sich differenzieren, mit so viel Unterstützung und Hilfe wie nötig, aber auch mit dem Zutrauen der Bezugsperson, dass er selbst etwas kann.
- Er erfährt Anregung, vielfältige Wahrnehmungen machen zu können, unterscheiden zu lernen zwischen dem, was er als angenehm und was er als unangenehm erlebt. Er erlebt, dass seine eigenen Vorlieben und Abneigungen wahrgenommen und respektiert werden.
- Er erlebt, dass die anderen sich auch nach ihm richten, bereit sind, »sein Spiel mitzuspielen«. Er erfährt, wie sein eigenes Verhalten vertraute Abläufe in Gang setzen, unterbrechen oder beenden kann. So kann er sich in einer vertrauten Ordnung zuverlässiger Zusammenhänge und Abläufe zurechtfinden.
- Er erlebt, durch gezielte Äußerungen (Zeigen, Laute, Gesten, Mimik,...) seine eigenen Wünsche anmelden und auch durchsetzen zu können. Er erfährt, dass andere sein Tun interessant finden und es wertschätzen.

Wenn Ihnen als Bezugsperson eines solchen Menschen daran liegt, sein blockiertes Entwicklungspotential zu aktivieren, genügt es nicht, ihm lediglich in besonderen Förder- oder Therapiesituationen entsprechende Angebote zu machen. Der Prozess, der da vielleicht in Gang kommen kann, muss sich in den Alltag fortsetzen. Möglichkeiten dazu:

---

65 Siehe Kapitel 3; auch MALL (2003).

- Sie beobachten den Partner mit Beeinträchtigungen auch im Alltag sehr genau, nehmen möglichst umfassend wahr, wie er sich äußert, und reagieren darauf für ihn wahrnehmbar.
- Sie spiegeln ihm seine eigenen Verhaltensweisen (Laute, Bewegungen, Rhythmen, ...) zurück, lassen Pausen, damit er reagieren kann, beobachten seine Reaktionen.
- Sie unterbrechen vertraute Abläufe (Pflegehandlungen, Füttern, Spielangebote, ...) immer wieder, lassen Raum für eine Reaktion des Partners, machen evtl. davon die Fortsetzung der Aktion abhängig (z.B.: Der nächste Löffel beim Füttern kommt erst, wenn der andere eine Regung gezeigt, Blickkontakt aufgenommen oder einen Laut geäußert hat – auf spielerische Weise, nicht als Verhaltenstraining).
- Sie unterbrechen eine Lieblingstätigkeit, die zusammen ausgeführt wird (z.B. Schaukeln, Massieren), warten, bis der Partner den Wunsch nach Fortsetzung ausdrückt.
- Sie bieten Alternativen deutlich wahrnehmbar an (z.B. beim Füttern: Willst du jetzt trinken oder essen?), beobachten, ob die Reaktion des Partners Rückschlüsse auf seinen Willen zulässt, benennen diesen dann, kommen ihm möglichst nach. Mit der Zeit lassen sich evtl. Bilder und Symbole als Hilfen einsetzen[66].
- Sie belegen bestimmte Äußerungen des Partners mit Bedeutung (z.B. für Zustimmung/Ablehnung), teilen ihm dies mit und reagieren künftig zuverlässig entsprechend. Evtl. provozieren Sie auch mal durch absichtliches Missverstehen Ablehnungsreaktionen und reagieren darauf entsprechend – der Partner soll erleben können, dass er Einfluss auf Sie hat.

All diese Schritte zielen nicht nur auf die Entwicklung von Kommunikation, sondern tragen zugleich zur Ausdifferenzierung der Persönlichkeit des Partners und zur Verbesserung seiner Selbst- und Umweltwahrnehmung bei. Er erlebt sich als Person ernst genommen und gefordert und entwickelt ein Gefühl dafür, welchen aktiven Platz er in seiner Welt einnimmt. Er braucht dann vielleicht sein Bedürfnis nach Autonomie nicht mehr durch störendes Verhalten auszudrücken, sondern weiß sich grundsätzlich anerkannt und verstanden.

---

66 Siehe auch den Ansatz der Unterstützten Kommunikation, z.B. KRISTEN (1997), TETZCHNER, MARTINSEN (2000), WILKEN (2002), BOENISCH, BÜNK (2003).

14 Literatur

14.1 Bereich Entwicklungspsychologie – Normalentwicklung

BAUER, J.: *Das Gedächtnis des Körpers – Wie Beziehungen und Lebensstile unsere Gene steuern.* Frankfurt (Eichborn) 2002

BAUER, J.: *Warum ich fühle, was du fühlst – Intuitive Kommunikation und das Geheimnis der Spiegelneurone.* Hamburg (Hoffmann und Campe) 2005

CASE, R.: *Die geistige Entwicklung des Menschen.* – Von der Geburt bis zum Erwachsenenalter. Heidelberg (Edition »S« im Universitätsverlag Winter) 1999

DUNN, J.: *Lust und Unbehagen bei Kleinkindern.* Stuttgart (Klett-Cotta) 1978

ERIKSON, E. H.: *Identität und Lebenszyklus.* Frankfurt a. M. (Suhrkamp) 1966 (Taschenbuchausgabe 1976)

FLANAGAN, G. L.: *Die ersten neun Monate des Lebens.* Reinbek (Rowohlt) 1963

GROSS, W.: *Was erlebt ein Kind im Mutterleib?* Ergebnisse und Folgerungen der pränatalen Psychologie. Freiburg (Herder) 1982

HAISCH, W.: *Kognition, dargestellt an der Entwicklung der sensomotorischen Intelligenz.* In: Schermer, F. H. (Hg.): Einführung in Grundlagen der Psychologie. Würzburg (arusin) 1988

HAN/SCHINDLER: *Pränatale und perinatale Psychosomatik.* Stuttgart 1982

HÜTHER, G.: *Bedienungsanleitung für ein menschliches Gehirn.* Göttingen (Vandenhoek & Ruprecht) 2001

LIEDLOFF, J.: *Auf der Suche nach dem verlorenen Glück.* Gegen die Zerstörung unserer Glücksfähigkeit in der frühen Kindheit. München (Beck) 1982

MAHLER, M. S.: *Symbiose und Individuation.* Stuttgart (Klett-Cotta) 1979

PAPOUSEK, H. u. M.: *Das Spiel in der Frühentwicklung des Kindes.* In: Suppl. pädiat. prax. 18. Jg./1977, S. 17-32

PAPOUSEK, H. u. M.: *Frühentwicklung des Sozialverhaltens und der Kommunikation.* In: Remschmidt, H. (Hg.): Neuropsychologie des Kindesalters. Heidelberg 1983, S. 182-189

PIAGET, J.: *Das Erwachen der Intelligenz beim Kinde.* Gesammelte Werke 1, Studienausgabe. Stuttgart (Klett) 1975

SCHMALOHR, E.: *Frühe Mutterentbehrung bei Mensch und Tier. Entwicklungspsychologische Studien zur Psychohygiene der frühen Kindheit.* München (Kindler) ²1975

Spitzer, M.: *Geist im Netz – Modelle für Lernen, Denken und Handeln.* Heidelberg, Berlin (Spektrum Akademischer Verlag) 2000

Stern, D.: *Mutter und Kind. Die erste Beziehung.* Stuttgart (Klett-Cotta) 1979

Watzlawick, P., Beavin, J.H., Jackson, D.: *Menschliche Kommunikation. Formen, Störungen, Paradoxien.* Bern/Stuttgart/Wien ⁹1996

14.2 Bereich Entwicklungsstörungen – Heilpädagogik – Hilfen in extremen Lebenslagen

Affolter, F.: *Wahrnehmung, Wirklichkeit und Sprache.* Villingen-Schwenningen (Neckar-Verlag) 1987

Augustin, A.: *Beschäftigungstherapie bei Wahrnehmungsstörungen.* Dortmund (verlag neues lernen) 1977

Bentele, P., Metzger, Th.: *Didaktik und Praxis der Heilerziehungspflege – Ein Lehrbuch.* Freiburg (Lambertus) 1996

Bienstein, Ch., Fröhlich, A. D.: *Basale Stimulation in der Pflege.* Düsseldorf (Verlag selbstbestimmtes Leben) 1991

Bienstein, Ch., Fröhlich, A. D. (Hg.): *Bewusstlos – Eine Herausforderung für Angehörige, Pflegende und Ärzte.* Düsseldorf (Verlag selbstbestimmtes Leben) ²1994

Boenisch, J., Bünk, Ch. (Hg.): Methoden der Unterstützten Kommunikation. Karlsruhe (von Loepel) 2003

Elbert, J.: *Geistige Behinderung – Formierungsprozesse und Akte der Gegenwehr.* In: Kasztantowicz, U. (Hg.): Wege aus der Isolation. Heidelberg (Schindele) 1982 (vergriffen). Im Internet: ftp://ftp.uibk.ac.at/pub/uni-innsbruck/bidok/texte/formierungsprozesse.zip

Fikar, H.: *Körperorientierte Förderansätze im Unterricht bei Menschen mit schwerer geistiger Behinderung.* In: Geistige Behinderung 26. Jg./1987 Heft 4, Innenteil

Fröhlich, A. D.: *Der somatische Dialog – Zur psychischen Situation schwerst mehrfachbehinderter Kinder.* In: Behinderte 5. Jg./1982 Heft 4, S.15-20

Fröhlich, A.D.: *Basale Stimulation: Das Konzept.* Düsseldorf (verlag selbstbestimmtes leben) 1998

Fröhlich, A., Heinen, N., Lamers, W. (Hg.): *Schwere Behinderung in Praxis und Theorie – ein Blick zurück nach vorn. Texte zur Körper- und Mehrfachbehindertenpädagogik.* Dortmund (verlag selbstbestimmtes lernen) 2001

Glar, P. (Caritasverband für das Bistum Aachen e.V. – Hg.): *Reader Gestalttherapie mit Behinderten.* Aachen 1997. (Beim Hg. zu bestellen: Referat Behindertenhilfe, Kapitelstr. 3, 52066 Aachen)

GROND, E.: *Die Pflege verwirrter alter Menschen.* Freiburg (Lambertus) ⁴1988

GROSSMANN, C.: *Basale Kommunikation als Grundlage der Erziehung schwer geistig behinderter Menschen* Zulassungsarbeit Würzburg 1987. Selbstverlag Winfried Mall

HÄUSSLER, A.:*TEACCH – ein kommunikationsorientierter Ansatz zur ganzheitlichen Förderung von Menschen mit Autismus.* In: WILKEN, E. (HG.): *Unterstützte Kommunikation – Eine Einführung in Theorie und Praxis.* Stuttgart, Berlin, Köln (Kohlhammer) 2002

HEIJKOOP, J.: *Herausforderndes Verhalten von Menschen mit geistiger Behinderung – Neue Wege der Begleitung und Förderung.* Weinheim, Basel (Beltz) 1998

KRISTEN, U.: *Praxis Unterstützte Kommunikation – Eine Einführung.* Dortmund (verlag selbstbestimmtes lernen) ²1997

KLAUSS, TH.: *Ein besonderes Leben – Was Eltern und Pädagogen von Menschen mit geistiger Behinderung wissen sollten.* Heidelberg (Edition »S« im Universitätsverlag Winter) 1999

KLAUSS, TH.: *Können wir nicht nicht kommunizieren?* vermutlich 2002. Quelle: http://homepages.compuserve.de/KlaussTheo/nicht_komm.htm

LIPP, B., SCHLAEGEL, W.: *«Wege von Anfang an" – Frührehabilitation schwerst hirngeschädigter Patienten.* Villingen-Schwenningen (Neckar-Verlag) 1996

MALL, W.: *Entspannungstherapie mit Thomas – erste Schritte auf einem neuen Weg.* In: Praxis der Kinderpsychologie und Kinderpsychiatrie 29. Jg./1980 Heft 8, S. 298-301

MALL, W.: *Basale Kommunikation – ein Weg zum andern.* In: Geistige Behinderung 23. Jg./1984 Heft 1, Innenteil

MALL, W.: *Die Wiederaufnahme der primären Kommunikationssituation als Basis zur Förderung schwer geistig behinderter Menschen.* In: Zeitschrift für Heilpädagogik 36. Jg./1985 Beiheft 12, S. 24-32

MALL, W.: *Heilpädagogische Partnerschaft mit schwerstbehinderten Menschen.* In: Annehmen und Verstehen – Perspektiven der Förderung von Menschen mit sehr schweren Behinderungen, Tagungsbericht des Fachkongresses am 3./4.9.1992 in Duisburg. Hürth (Landesverband Nordrhein-Westfalen der Lebenshilfe für geistig Behinderte) 1992

MALL, W.: *Kommunikation – Basis der Förderung.* In: Frei, E.X., Merz, H.-P. (Hg.): Menschen mit schwerer geistiger Behinderung – Alltagswirklichkeit und Zukunft. Luzern (Schweiz. Zentralstelle für Heilpädagogik) ⁴1998

MALL, W.: *Wie kommt der Austausch in Gang?* In: Unterstützte Kommunikation – ISAAC's Zeitung 2/3/1998

MALL, W.: *Keine Förderung ohne Kommunikation.* In: Behinderte in Familie, Schule und Gesellschaft, 21. Jg., Heft 3/1998, S. 47-58

MALL, W.: *Basale Kommunikation in der Ergotherapie.* In: Fachzeitschrift praxis ergotherapie, Heft 5/1999

MALL, W.: *Das Lächeln des Herrn T. – Basale Kommunikation bei Menschen im Wachkoma.* In: Zeitschrift »Wachkoma und danach« (Schädel- und Hirnpatienten in Not e.V.) Heft 2/2001, S. 38-41

MALL, W.: *Was von diesen Menschen kommt, passt zu uns – Basale Kommunikation.* In: Orientierung – Fachzeitschrift der Behindertenhilfe, Heft 2/2001, S. 17-19

MALL, W.: *Basale Kommunikation – Sich begegnen ohne Voraussetzungen.* In: FRÖH-LICH, A., HEINEN, N., LAMERS, W. (HG.): *Schwere Behinderung in Praxis und Theorie – ein Blick zurück nach vorn. Texte zur Körper- und Mehrfachbehinderte npädagogik.* Dortmund (verlag selbstbestimmtes lernen) 2001

MALL, W.: *Sensomotorische Lebensweisen – Wie erleben Menschen mit geistiger Behinderung sich und ihre Umwelt?* Heidelberg (Edition »S« im Universitätsverlag Winter) ²2003

MALL, W.: *Basale Kommunikation – ein Beitrag der Heilpädagogik zur Behandlung schwerst beeinträchtigter Menschen.* In: Krankengymnastik – Zeitschrift für Physiotherapeuten. 55. Jg. (8/2003), S. 1342-1346

MALL, W.: *Demut in der Heilpädagogik - Fragen an Georg Feuser.* 2003 (unveröffentlicht, zu finden unter: http://www.winfried-mall.de/pdf/demut.pdf)

MALL, W.: *Erleben im Austausch zu sein: Basale Kommunikation als Kommunikation ohne Voraussetzungen.* In: BOENISCH, J., BÜNK, CH. (HG.): Methoden der Unterstützten Kommunikation. Karlsruhe (von Loepel) 2003

NIEDECKEN, D.: *Namenlos – Geistig Behinderte verstehen.* Neuwied, Kriftel, Berlin (Luchterhand) 1998

NIND, M., HEWETT, D.: *Access to Communication.* Developing the basics of communication with people with severe learning difficulties through Intensive Interaction. London (David Fulton Pub.) 1994

NYDAHL, P., BARTOSZEK, G.: *Basale Stimulation – Neue Wege in der Intensivpflege.* München, Jena (Urban & Fischer) ³2000

PFEFFER, W.: *Leibhaftes Lernen bei geistig Behinderten.* In: Geistige Behinderung 25. Jg./1986 Heft 2, S. 94-104

PFEFFER, W.: *Förderung schwer geistig Behinderter. Eine Grundlegung.* Würzburg (Bentheim) 1988

PÖRTNER, M.: *Ernstnehmen – Zutrauen – Verstehen. Personzentrierte Haltung im Umgang mit geistig behinderten und pflegebedürftigen Menschen.* Stuttgart (Klett-Cotta) ²1999

PREKOP, J.: *Förderung der Wahrnehmung bei entwicklungsgestörten Kindern.* In: Bundesvereinigung Lebenshilfe (Hg.): Hilfen für geistig Behinderte – Handreichungen für die Praxis I. Marburg 1990

PROUTY, G., PÖRTNER, M., VAN WERDE, D.: *Prä-Therapie.* Stuttgart (Klett-Cotta) 1998

RÖDLER, P.: *Dialogische Pädagogik mit »Autisten« – Paradox? Möglich? Voraussetzung!* In: Behinderte 7. Jg./1984 Heft 3, S. 37-42

SCHUMACHER, J.: *Schwerstbehinderte Menschen verstehen lernen.* In: Geistige Behinderung 24. Jg./1985 Heft 1, Innenteil

SCHUMACHER, J.: *Vom Defizit zum sinnvollen Dasein.* Menschen mit Behinderung besser verstehen lernen. In: Geistige Behinderung 26. Jg./1987 Heft 3, S.157-166

SENCKEL, B.: *Mit geistig Behinderten leben und arbeiten. Eine entwicklungspsychologische Einführung.* München (Beck) ³1998

SENCKEL, B.: *Du bist ein weiter Baum – Entwicklungschancen für geistig behinderte Menschen durch Beziehung.* München (Beck) 1998

TETZCHNER, S., MARTINSEN, H.: *Einführung in Unterstützte Kommunikation.* Heidelberg (Edition »S« im Universitätsverlag Winter) 2000

TINBERGEN, N. u. E. A.: *Autismus bei Kindern.* Fortschritte im Verständnis und neue Heilbehandlungen lassen hoffen. Hamburg (Parey) 1984

VAN VUGT, G., BESEMS, T.: *Gestalttherapie mit geistig Behinderten.* In: Rotthaus, W. (Hg.): Psychotherapie mit Jugendlichen. Dortmund (verlag neues lernen) 1985

VAN VUGT, G., BESEMS, T.: *Gestalttherapie mit Behinderten.* In: FRÖHLICH, A., HEINEN, N., LAMERS, W. (HG.): *Schwere Behinderung in Praxis und Theorie – ein Blick zurück nach vorn. Texte zur Körper- und Mehrfachbehindertenpädagogik.* Dortmund (verlag selbstbestimmtes lernen) 2001

WILKEN, E. (HG.): *Unterstützte Kommunikation – Eine Einführung in Theorie und Praxis.* Stuttgart, Berlin, Köln (Kohlhammer) 2002

14.3 Bereich körperorientierte Behandlungsansätze

FUCHS, M.: *Funktionelle Entspannung: Theorie und Praxis einer organismischen Entspannung über den rhythmisierten Atem.* Stuttgart (Hippokrates) [4]1989

FUCHS, M. (Hg.): *Funktionelle Entspannung in der Kinderpsychotherapie.* München, Basel (Reinhardt) 1985

LEBOYER, F.: *Sanfte Hände. Die traditionelle Kunst der indischen Baby-Massage.* München (Kösel) 1979

LEBOYER, F.: *Sanfte Hände (Video).* Teil 2 der Reihe »Geburt mit Leboyer«. München (Kösel) 1987

LIDELL, L., THOMAS, S., COOKE, C. B., PORTER, A.: *Massage – Anleitung zu östlichen und westlichen Techniken. Partnermassage, Shiatsu, Reflexzonenmassage.* München (Mosaik) 1985